Alfried Längle-

Sinnvoll leben

Eine praktische Anleitung
der Logotherapie

ISBN: 978 3 7017 3041 4

„Wofür soll mein Leben gut sein? – Was gibt meinem Leben Sinn?" Im Leben einen Sinn zu finden, ist existentielles Bedürfnis für jeden Menschen – ganz besonders in Krisenzeiten. Sinn stellt für jeden Menschen etwas anderes dar und ist in jeder Lebenssituation neu zu finden. Das macht die Sinnfrage so persönlich und die Antwort darauf so einzigartig. Der Autor zeigt die Grundbedingungen auf, die es ermöglichen, Sinn im Leben zu finden und führt den Leser / die Leserin Schritt für Schritt durch die Thematik. Das Buch ist mit seinen zahlreichen Beispielen, Anleitungen, Übungen und Texten „zum Verweilen" eine persönliche Begleitung, ein anwendungsorientiertes Arbeitsbuch sowie ein zugänglicher Einstieg in die Grundzüge der Existenzanalyse und Logotherapie.

Alfried Längle

Sinnspuren

Dem Leben antworten

Residenz Verlag

Einstimmung

Leben.

Es fordert. Es beschenkt. Freud und Leid durchmischen sich. Fragen tauchen auf – Fragen an das Leben – Lebensfragen. Was ist Leben? Wie gut bin ich in ihm? Hab ich Zugang zum Leben, zu *meinem* Leben? Gibt es Spuren?
Die Erfahrung fühlen. Die Zukunft ahnen, hoffen, sie atmen, an ihr bangend leiden, sich zuversichtlich freuen. Jetzt, heute schon. Leben ist immer. Das Leben fühlen.

Eine Anleitung, ein Begleiter, ein Aufwecker dieses Buch, das in Frage stellt, bestätigt, aufzeigt, anregt. Zu sich finden durch die Besinnung, zu dir finden durch die Begegnung, zusammenfinden durch den Dialog. Die Fragen sehen, die Antworten empfinden.
Antwort sein.
Leben.

Zum Geleit

Tag für Tag sind wir mit Dingen beschäftigt, und dazwischen, wenn Zeit bleibt oder im Hintergrund – wie in kleinen Oasen –, mit uns selbst.

Es kann auch anders sein: Wir sind belastet von Sorgen, Zweifeln an uns selbst, Unsicherheiten, dunklen Gefühlen, die die Seele drücken, Schmerzen oder Gefühlen der Leere, die irre machen. So kann es sein, dass wir des Nachts und vielfach des Tags mit uns selbst beschäftigt sind, und dazwischen – wie in kleinen Oasen – mit Dingen in der Welt, die uns von uns ablenken.

Oder wir sind gleichermaßen mit uns selbst wie mit anderen Menschen, mit Dingen, Aufgaben und Erlebnissen der Welt beschäftigt.

Immer jedoch ziehen sich Spuren empfundener Tiefe durch unser Bewusstsein, halb bewusst, halb gedacht, halb gefühlt – Spuren, die wegen der Beschäftigung leicht übersehen werden, für die manchmal keine Zeit ist, oder weil sie noch keine Sprache haben. Oder es sind markante, wichtige Spuren, leidvoll oder freudvoll bewusst.

7

Viele der Spuren sind Beobachtungen, Essenzen aus dem Leben. Manche sind Fragen des Lebens – Fragen an das Leben – Lebensfragen. Was zählt im Leben, in *meinem* Leben? Habe ich Erfüllung? – Ist es sinnvoll, wie ich lebe, was ich erlebe?

Diesen Spuren nachzugehen, die Erfahrung mehr zu fühlen, die Zukunft mehr zu ahnen, zu hoffen, sie zu atmen, Vergangenes einzubinden, für das Gegenwärtige da zu sein – dazu soll das Buch Spuren legen.

Jetzt, heute schon. Denn Leben ist immer. Es stellt in Frage, bestätigt, zeigt auf, regt an, geht mit auf dem Weg. Mehr als Anregung kann es nicht sein, soll es nicht sein.

Denn es geht um das ganz persönliche Leben. Dies kann nur von jedem selbst gestaltet, verdichtet, erfüllt werden.

Wien, im Sommer 2024
Alfried Längle

Entscheidung

Wenn nicht ich es tue – wer soll es tun?
Wenn ich es nicht jetzt tue – wann soll ich
es tun?
Und wenn ich es nur für mich tue – was bin
ich dann?
Hillel († 10 n. Chr.)

Wenn nicht ich – wer dann: Wo immer ich bin, es geht um mich. Mich geht es an.

Wie spät es auch ist, wie alt ich auch bin – Leben lässt sich nicht aufschieben. Jetzt ist die Zeit. Zeit ist *jetzt*. Zeit für etwas, Zeit für jemanden, Zeit für mich.
Ist sonst Zeit, wenn nicht im Jetzt?
Wofür ist *diese* Zeit?
Wofür ist sie die *beste* Zeit? – Ist da höchste Zeit?

Aber: Wenn ich es nur für mich tue – ist es verloren. Alles geht verloren. Ich gehe euch verloren, wie ich mir verloren gehe, ich gehe mir verloren in einer beziehungslosen Welt: „Was bin ich dann?" – Was bleibt von mir, wenn ich es nur für mich tue?

Was der Mensch ist, ist er durch die Sache, die Aufgabe, die Menschen, denen er sich hingibt. Im Sich-Hingeben schenkt sich mir die Welt, finde ich zu mir zurück. Im Sich-Behalten bleibt der Mensch existentiell unfruchtbar.

Ein Samenkorn, abgekapselt, in seiner Welt nicht aufgegangen.

Seinsübung

Sich etwas Zeit nehmen
für sich

ausatmen
Atem schöpfen
sich atmen lassen

durchströmt werden vom Atem
im Sein ankommen

Ich bin bei mir – ich fühle es durch das tiefe
Atmen
      ich fühle den Raum in mir
Ich bin bei mir, und der Atem trägt mich durch
das Sein
      ich fühle, wie er mich hält

Ich habe es gut bei mir – wenn ich tief atme, fühle
ich, wie gut es bei mir ist
      ich fühle die Wärme

Ich bin bei mir, und der Atem bringt mich in die
Nähe zu mir in meinem Sein
    ich fühle, wie er mir Geborgenheit schenkt

Ich bin bei mir – ich spüre, wie mich der Atem
sein lässt
    ich spüre, ich darf so sein, wie ich bin
Ich bin bei mir, und der Atem spricht mir das
Recht zu, so zu sein
    ich spüre, wie ich mich sein lassen kann

Ich atme tief – mein Sein, mein Leben, meinen
Wert
Ich atme tief meine Gelassenheit

Da ist Frieden
Da ist Atem

Ich brauche nichts tun – nur sein

Mich dem Atem überlassen

Sinn

Sinn –
die wertvollste Möglichkeit in jeder Situation.

Jeder Augenblick hat sein *Gutes* und hat seine *Not*.

Dich und mich zu *erleben*, die Sonne, den Wind, den Morgen. Fühlen, was es mir gibt. Es schützen, erhalten, fördern. Leben ist Teilnahme, Anteil nehmen gibt Leben.

Die Not auffangen, den Schmerz, den Verlust, die Einsamkeit lindern. Etwas zum Besseren wenden. Etwas neu *schaffen*. Gestalten, Dingen eine Form geben. Dies alles macht das Leben reich.

Wenn nichts mehr geht, den tiefsten Grund spüren. *Sich* erleben, *sich gestalten*. Sich ahnend und glaubend begegnen. Das lässt uns das Leben überleben.

Sinn „finden"

Echter Sinn wird nicht erfunden.
Sinn wartet auf uns. Er ist schon da. –
Ob *ich* ihn finde?

Sinn, der mein Leben zu nähren vermag, *existentieller* Sinn – solcher Sinn stammt nicht von mir. Ist denn die Nahrung, die uns nährt, und das Wasser, das uns den Durst nimmt, von uns?

Sinn, den ich mir denke; Sinn, den ich mir entwerfe; Sinn, der von meinen Zielen, Wünschen, Erwartungen und Hoffnungen gesetzt ist; *Sinnvorstellungen*, mit denen ich an die Welt herangehe – solche Sinnkonstrukte wachsen nicht aus der Erde, bringt nicht der Wind, stammen nicht vom Fluss, nicht vom Meer, nicht vom Berg, nicht von der Sonne, nicht vom Sturm und nicht vom Gewitter, von der Kälte des Winters nicht und nicht von der Hitze des Sommers. Solcher Sinn, der von mir geschaffen und von meinem Reißbrett stammt, hat nicht *ihre* Kraft. Er hat die Not des Einsamen, Hilflosen, Orientierungslosen.

Sinn, den *die Welt an mich heranträgt,* den mir das Leben zu Situationen bündelt – solcher Sinn stammt aus Größerem. Sinn, der auf mich wartet, vermag mich zu umfassen. In solchem Sinn ist Geborgenheit. Sinn schließt mich an. An die Ordnung der Welt und an den Fluss des Lebens.

Was mich an-geht

Sinn – das ist leben mit der Frage:
Geht das *mich* an?
***Was* geht mich das an?**

Ein Leben lang *stehe ich in Frage*. In der Frage:
Betrifft das Geschehen *mich*? Geht mich das
etwas an?

Der Horizont, der das umschließt, was mich
angeht, und es von dem trennt, was mich nicht
angeht, ist mein Sinnhorizont. – Wie kann ich
ihn finden?

Geht mich etwas nur an, wenn es zu meinem
Vorteil ist? Oder damit es mir nicht zum *Schaden*
wird?
Geht mich nur das an, was sich mit meinen
Zielen deckt?
Geht mich nicht alles an, *woran mein Herz hängt*,
ob ich es bin oder du, ob es *mein* Glück ist oder

deines? Hat es nicht schon genug Wert, wenn ich sehe, fühle, spüre, dass es etwas Wichtiges ist, wichtig für mein Leben, für *das* Leben?

Alles, was mich berührt, bewegt, betrifft, beschäftigt, belästigt, hat mit meinem Leben bereits zu tun. Es ist mich bereits angegangen.

Anfänge leben

Es kommt im Leben mehr darauf an,
etwas anzufangen,
als es zu vollenden.

Womit man nichts anfangen kann, das bleibt ohne Leben. Ohne Anfang ist nur Tod.

Was du mir sagst, ich fasse es nicht, wenn es mich nicht in einen Anfang bringt.
Was mir das Leben zuspielt, ich fange es nicht, wenn ich nicht in einen Anfang mit ihm komme.
Sogar mir selbst komme ich abhanden, wenn ich mit mir nichts anfangen kann.

Sich an den Anfang bringen: mein Leben neu in die Welt einfädeln.

Das Anfangen verwebt das Leben mit der Welt.

Immer wieder in Anfänge kommen, weil es an das Einfache heranführt, zum Ursprung, zur Quelle, zum Neuen.

Immer wieder Kind sein, Suchender, aus der Hilflosigkeit die Weite und Vielfalt des Lebens wieder erfahren. Es anfangen, auch wenn ich das Ende nicht sicher erreiche. Es anfangen, trotz allem. Weil ich lebe.

> Bis zum Tod im Anfang stehen
>
> Bis zum Tod mit dem Anfang verbunden sein
>
> Nicht meistern müssen, sondern sich einfinden können

Erfahren: Ich kann.

Urvermögen!

Leben verpassen

Leben verpassen –
Nicht zu beginnen
aus Angst,
es nicht zu Ende zu bringen.

Beginnen, ohne es zu Ende zu bringen – das ist Versagen. Dann war alles umsonst. Unfertiges ist sinnlos. Scheitern will keiner – dann ist es sicherer, erst gar nicht zu beginnen … zu warten, den ruhigen Hafen nicht zu verlassen. Beginnen und nicht zu Ende kommen ist nur Stress. Man wird zum Gespött, verachtet sich selbst.

In diesem Geiste sind viele schon aufgewachsen. Es begann mit:

> Was man sich auf den Teller schöpft, wird auch gegessen.
> Wer A sagt, muss auch B sagen.
> Mitgegangen, mitgefangen.

Erziehungsmaximen. Wirken sie fort in mir? Nehmen sie den Mut, mich einzulassen, etwas zu versuchen, etwas einmal anders zu machen? Kinder können mit ihrer Lebendigkeit einfach Dinge probieren – wann ging mir diese Lebensfreude verloren? Wann wurde aus meiner Unbekümmertheit Skrupel, Zögern, Zweifel, Angst, Stress?

Eine andere Sicht:
Beginnen ist ein Fangen, ein An-Fangen, ein Ein-Fangen. Ist sich in Beziehung bringen, sich einlassen, etwas erhalten. Wenn ich etwas beginne, ist da Interesse, ein Plan, eine Idee, ein Wunsch, ein Drang. Da ist oft Freude, immer Hoffnung, man sieht einen Sinn, sonst würde man nicht anfangen. Selbst wenn man unter Druck oder Angst beginnt – die Hoffnung ist da. Im Beginn blinzelt die Zukunft herein. Und die Gegenwart kommt in Bewegung.

Manchmal geht es einem mehr um das Ende als um das Anfangen, man möchte schon am Ziele sein, es fertig haben, vorbei soll es sein. Ungeduldig macht man sich Druck. Dann hat man nicht wirklich begonnen, hat sich nicht eingelassen, hat über den Beginn hinweggeschaut und sich dem Ziel verdingt.

Beginnen – das kann aus Freude am Probieren sein, aus Lust, etwas versuchen zu können, sich daran zu erleben, nicht mehr warten zu können, bis es losgeht! Solches Beginnen ist Erlösung, Befreiung von der Spannung des Wartens. Endlich kann es losgehen – mal sehen, wie weit wir kommen!

Echtes Beginnen geschieht aus Freude am Tun. Lebt aus der Beziehung zum Leben. Ist Teilnehmen an Ent-wicklung, am Werden, am Gestalten. Ist schöpferisch und kreativ.

Beginnen ist wie *Leben*: Wir wissen das Ende unserer Tage nicht. Wir haben nur das Heute. Das Heute ist immer Beginn, das Ende bleibt offen. Aber leben können wir trotzdem, heute – jeder Tag ist ein Anfang.

Ich habe schon so viel begonnen, und es hat mir geholfen, anderes fertig zu machen.

Dimension des Menschen

Wir leben von Tag zu Tag.
>Wir essen in kleinen Bissen.
>Wir bauen das Haus mit handlichen
>Steinen.
>Wir überwinden die Strecke in Schritten,
>die Höhe in Stufen.

Nichts in unserem Leben geschieht
auf einmal.

Wir können es oft nicht erwarten. Es müsste
sofort geschehen, meinen wir,
>bis es uns endlich besser geht
>bis die Schule fertig ist
>bis die Probleme gelöst sind
>und das Neue gekonnt wird.

Doch alles, was wächst und wachsen muss, weil es lebendig ist, braucht seine Zeit. Alles muss in die Dimension des Menschen gebracht werden, damit es lebbar wird und durch uns, mit uns geschehen kann.

Der erste Tag

Heute
ist der erste Tag
vom Rest meines Lebens.

Dieses Heute – das ist noch nie gewesen!
    Heute – das ist ein *Anfang.*
    Heute – da kann ich etwas wieder *neu*
    beginnen.
    Heute – das ist wie ein Geburtstag, wie
    Neujahr.
    Heute – eigentlich ein Grund zum Feiern.

Heute beginne ich
mein Leben im Bewusstsein,
dass mir etwas verblieben ist von dieser Weile,
von diesem Angefragtsein, von der Aufgabe, von
diesem Atmen,
    reichlich genug,
    um ganz auf es zuzugehen,
    um mich ganz in den Tag zu geben,

in diesen Tag, der mir mein Leben ist
für heute,
der mein Tor ist
aus den Steinen des Gestern
für morgen.

Sicherheiten

**Der Ängstliche
verharrt im Gewohnten.**

Wer ängstlich ist, scheut das Neue. Wer Angst hat, will den Versuch nicht wagen, will nichts riskieren. Neues bedeutet Unsicherheit.

Ob *ich* dem Neuen trauen kann?

Gewohntes hingegen verspricht *Sicherheit*. Lieber Sicherheit als Wagnis, lieber Kontinuität als Veränderung, auch wenn ich unter den alten Umständen leide.

Im Vertrauten weiterhin verharren?

Wie lange so leben, stagnierend, nicht wirklich einverstanden mit dem, wie ich lebe?

Die Angst zeigt mir, dass ich Sicherheiten brauche. Dass mir *Halt* fehlt und *Schutz*.

Schutz – wovor? Schutz vor dem Leben? Weil Leben Veränderung bedeutet, wachsen, sich entfalten? Weil es Neues bringt, Unerfahrenes – und ein Lassen fordert, ein Zurücklassen, Abschied, Tod? – Aus Angst vor dem sicheren Tod Sicherheiten suchen?

Ist Sicherheit wirklich das Wichtigste? Wofür? Will *ich* für sie leben? Für sie gelebt *haben*?

Realismus

Lebenskunst:

Statt zu beklagen, was *nicht* ist –
sehen, was *ist*.

Das Denken vergegenwärtigt uns in seiner Abs-
traktion auch das, was *nicht* ist. Vorstellung und
Erinnerung malen uns aus, wie alles sein *könnte*,
wie es *besser* sein könnte, bei uns, beim Partner,
bei den Eltern, bei den Kindern, bei allem.
Der *Traum* kann den Blick fixieren.

Realismus ist, zu sehen, was *tatsächlich ist*. Wenn
wir uns *nicht ablenken* lassen von dem, was *nicht*
ist, was nicht mehr ist, noch nicht ist, nie mehr
sein wird. Möglich ist alles, aber nichts muss
Wirklichkeit werden. Sich an Möglichkeiten ori-
entieren ist nicht verlässlich – nur ins Kalkül sind
sie zu ziehen.

Bauen können wir auf das, was *ist*. Das Sein ist der Ausgangspunkt, der Boden, das Material für festes Leben.

Sehen, was ist. Mit dem arbeiten, sich an dem erfreuen, mit dem beginnen, was *ist*. Nicht sich dagegenstemmen, nicht dagegenleben. Das, was ist, ist mächtiger als Wunsch und Wille.

Unglück

Das Unglück –
ein Anstoß zu Neuem

Das Unglück. Es *durchkreuzt* den Plan, es zerstört, raubt, belastet, schmerzt. Das Leben scheint sich von uns abzuwenden, uns aufzugeben, uns zu bestrafen, über uns zusammenzubrechen, uns an den Rand zu spielen.

Unglück macht hilflos; ist *sinnlos*.
Unglück ist Leben, das an der Kehre sich stößt, aufprallt, aus der Bahn geworfen wird. Alles zerbricht, woran man gewöhnt war. Schmerzliche Entwöhnung.

Da ist mein Leben nun – ein Leben, das schmerzt, brennt, pocht, zürnt, sich auflehnt, weint, mir aus den Händen gleitet. Kann mein Leben je wieder gut werden, erblühen, Freude machen?

– Ich weiß es nicht. Ich weiß nicht, ob ich es nochmals kann, ob ich es noch will.

Doch kann nicht *Hoffnung* sein, solange Leben ist? Entwöhnt vom Gewohnten, hat es unerwartet und schmerzlich vieles – alles – verändert. – *Verändert es auch mich*?

Unglück ist Verlust. Es raubt Leben. Es sagt mir, dass *mein* Leben nun anders geht. Es stößt mich vor Neues. – Doch: Kann ich sehen, *worum es jetzt gehen soll*? Kann ich mit der Erfahrung des Alten in das Neue gehen? Mich auf die Seite des Lebens schlagen, Ungewohntes versuchen?

Kein Unglück ohne Gewinn! – Ein Motto.

Unfertiges

Auch Unfertiges hat Gültigkeit.
Vollendung und Länge machen nicht den Sinn.
(Nach V. Frankl)

Wie vieles beginnen wir, ohne es je zu Ende zu bringen! Und doch: War es nicht wichtig, dass wir es versucht haben? Dass wir es gelebt haben? Dass wir darin waren, dabei waren, daran waren?

Warum soll das Zu-Ende-Bringen mehr zählen als das Anfangen? Als die Aufregung, das Versuchen, das Gehen, das Erleben, das Scheitern, der Weg – als das Leben selbst?

Das „Imperfekte", Unfertige steht *im* Leben, das „Perfekte" ist ihm enthoben. Ist zum Denkmal gewordene Idee. Abgeschlossen.

Das Unvollendete *erzählt*: vom Leben, von der Freude des Beginnens, von den Schwierigkeiten unterwegs, vom Bemühen und Sich-Orientieren, von Raum und Grenze.

Wie vieles müssen wir beginnen, ohne zu wissen, ob wir es vollenden können? Ist das nicht die Situation des Menschen überhaupt – la condition humaine?

Wenn ich mich ganz in den Anfang gebe. Wenn ich nur wirklich anfange und mich erfassen lasse. Wenn ich die Tiefe meiner Bewegung auslote – in solchem Anfang ist bereits Vollendung.

Kompliziert

Kompliziert wird das Leben dann,
wenn man das *Einfache* nicht mehr sieht.

Wenn die Ereignisse sich überschichten, inein-
ander verkeilen wie Eisschollen,
wenn das Leben sich eintrübt und nichts mehr
so geht, wie es ging, wie es gehen müsste,
wenn die Tage zum Stress werden, weil man sich
nicht mehr zu helfen weiß,
wenn man spürt, dass es langsam zu viel wird, die
einzelnen Dinge und das Ganze auch –

dann ging der Blick verloren
für den Ort, woher die *Ruhe* stammt,
für das Licht, das die *Wärme* gibt und die *Sicht*,
für das Unscheinbare, Stille, Tiefe;
für das, was nicht fordert,
        sondern *ist* in dem, was es ist –

das schlichte Für-sich-Sein
in erster Linie
für diese Minuten
sich hinsetzen für sich, um den Atem zu spüren
und den Wind vielleicht, die Blume, das Blau
und das Nichts.

Darin ist alles – wenn nur ich mit mir bin.

Vollbringen

**Vollendet haben ist nicht das Ziel, sondern –
vollbringen können.**

Leben als Wirken-*Können* verstehen

    wirksam sein

    sich einfließen lassen in diese Welt

    sich einbringen, sich dazugeben

    etwas schaffen können

    das Seine tun

    im Heute stehen

    sich darin erleben

    der Welt etwas bringen, es *voll* bringen

    können –

das ist die Freude

der Weg

die Vollendung

lebendiger Gelassenheit.

Lassen

Demut:

> das Mögliche tun
> und sich beugen,
> wenn es nicht geht

Gelassenheit:

> was nicht möglich ist,
> auch nicht tun müssen

Geschwister der Haltung

Sich nicht abbringen lassen von Vorhaben, Interessen, Aufgaben, Freuden. Entschlossenheit und Zähigkeit, Eifer, Fleiß – alle diese Tugenden sind für den *Erfolg* bedeutsam.

Doch wenn wir *anstehen*, wenn es nicht weitergeht, wenn das Hindernis unüberwindbar ist, wenn die Entscheidung getroffen, der Zug abgefahren ist – dann sich beugen können! Dann die neuen Fakten akzeptieren und sich fügen können. Den hehren Kampfgeist zurücknehmen, sich umstellen, nicht mehr auf der alten Schiene fahren. Sich wieder öffnen, das Leben weiter und größer sehen als nur ein Ziel.

Lassen-Können ergänzt das *Wollen-Können* wie die Stille die Musik, das Schweigen das Reden, die Nacht den Tag. Ohne den Wechsel ist Verkrampfung, Fixierung, Einseitigkeit, Störung, Krankheit, Tod.

Lassen-Können von vornherein. Als *Grundsatz*. Tiefer verankert sein, um nicht abhängig zu werden und – verbissen.

Lassen-Können, was nicht möglich ist. Sich auf seine *Grenzen* beschränken, nur tun wollen, was man kann, was man vermag. Sich bescheiden – es weitet, entspannt, erleichtert.

Gelassen werden.

Sterblichkeit

**Kaum ist der Mensch geboren,
ist er auch schon alt genug
zu sterben.**

(Ackermann)

Am Ende des Lebens erwartet uns der Tod.
Leben ist das Gegenteil von Tod, Leben hat
mit Tod nichts zu tun. Es sind zwei säuberlich
getrennte Bereiche, gegensätzlich in ihrer Wir-
kung, widersprüchlich aus Prinzip, verschieden
im Zeitpunkt ihres Auftretens. Es geht der Reihe
nach im Leben, das ist die Ordnung.
So mochten wir glauben.

Leben ist – *Zeit haben*. Eine *Weile* Zeit haben,
eine unbestimmte Weile.
Zeit ist ein Fließen, ist Bewegung, ist ein Prozess, der – dem Flusse gleich – stets ein Fließen
gebiert. In seinem Wachsen, Blühen und Vergehen treten wir in Erscheinung, ist unsere Zeit.

Zeit ist nicht fest, ist nicht festzuhalten – Zeit ist *Übergang*, ist vor-läufig.

Dieses Fließen, dieses Bewegtsein und Bewegen, immer kann es in die Ruhe übergehen, angehalten werden, ein Ende finden – kaum, dass der Mensch geboren, kaum dass der Mensch gezeugt.

Tod und Sterben sind auch Leben. Sind *Erfüllung* des Lebens, sind *voll-enden*, was tausend Mal schon geendet hat in jedem Abschied, in jeder Veränderung und Entwicklung.

Sterblich ist der Mensch im Vorhinein, nicht im Nachhinein.

Darum: Lebe *endlich*, um endlich zu *leben*!

Vergänglichkeit

Gewesen-sein ist auch noch eine Art
von Sein –
vielleicht die sicherste.

(V. Frankl)

Die *Vergänglichkeit* des menschlichen Daseins –
sie schmerzt, wenn sie uns die schönen, die
glücklichen Tage nimmt, wenn sich das Rad der
Zeit unerbittlich weiterdreht, ohne Rücksicht,
ohne Erbarmen.
Der *Schmerz der Trennung* kann uns verzweifeln
lassen. Zurückgelassen in der Einsamkeit, ver-
trieben aus der Geborgenheit, ohne Wärme und
Liebe, sind wir in die Leere gestoßen, leben in
der Blässe der Erinnerung.
Alles vorüber! – Für immer?

War es darum nicht? Ist nicht gewesen, was ich
erlebt habe? Hat es etwa nicht stattgefunden? Ist
es nicht Wirklichkeit: noch immer *wirksam* in

mir? Lebt es nicht in meinem *Herzen* weiter? –
Wozu sonst wollen wir etwas erleben? Wohin
sonst soll unsere Zeit fließen, wenn nicht in die
ständige *Präsenz unserer Gefühle*, unserer Erinnerung, unserer gewachsenen Persönlichkeit? –
Ist es dort nicht am Leben? Kann ich es nicht
wieder-erleben? Liegt es vielleicht an mir, dass
die Vergänglichkeit schmerzt? –

Hab ich zu wenig Halt gehabt?

Hab ich mich zu wenig *eingelassen*, sodass
es nun nicht weiterleben kann?

Was gewesen ist, kann nicht ungeschehen
gemacht werden.
Es bleibt.
Für immer.
Ob ich den *Zugang* dazu offen halten kann?

Schuld

Schuld –
Fehlen von Wesentlichem,
aber Gelegenheit für Entwicklung.

Sie schmerzt. Sie ängstigt. Sie belastet. Man möchte es nicht gewesen sein. Möchte sie verbergen, sich verbergen. Wie könnte sie ausgelöscht werden? Wie könnte es rückgängig gemacht werden?

Was gewesen ist, ist für immer gewesen. Es gibt kein Entkommen aus der Geschichte.

Kann es nicht doch ein wenig anders gewesen sein? Haben nicht die Umstände eine bedeutende Rolle gespielt? Hätte ich es denn wissen können?

Es war. Also muss ich damit leben. Klar, bewusst, entschieden, aufrecht. Dann gerinnt Schuld zur lebendigen Frage: *Kann* daraus etwas entstehen oder *muss* es so bleiben?

Ist Leben nicht Veränderung, Entwicklung, *daran* Wachsen?

Kann nicht manchmal etwas *wieder gutgemacht* werden?

Kann nicht ein ganz anderes Gut daraus entstehen? Etwas Neues, wodurch die Schuld nachträglich Sinn erhält?

Kann nicht *ich* daraus werden –

echter, tiefer,

neu?

Leiden

**Manchmal fühlt man sich
wie gepflügt vom Leben.**

Aufgerissen, aufgewühlt – tief hat das Schicksal
in mein Leben gegriffen.
     Unverständlich.
     Ungerecht und unberechtigt.
Was von mir bleibt, ist nur wund. Ist aufgebrochen, umgepflügt, durchschnitten vom Eisen.

Was bleibt mir anderes als die Frage?
Die Frage: Wozu? Wozu muss ich das ertragen?
Die Frage – sie ist so schwer *in ihrem Grunde* zu
fassen: Wozu werde ich aufgebrochen? Wofür
werde ich bearbeitet? Was könnte da in mir zu
suchen sein? –
Soll Neues in mir werden?

Die Frage macht es leichter.
Sie macht wieder offen.

Wozu?

… doch es fehlt mir die Antwort –
wenn die Frage in mir schreit:
Wozu?

Ich weiß nicht um die Tränen, um das tiefe
Schluchzen, um den Schmerz.
Ich weiß nicht um die Freude, um das Lachen,
um die Liebe.
Ich weiß nicht um das Kinderlied und die
Totenklage.
Ich weiß nicht um die Sonne und nicht um die
unendlichen Sterne, um das Sehnen und um das
Glück, weiß nicht um die Verzweiflung.

Ohne Antwort verstummt mein Leben beim
Schrei der Frage:
Wozu leiden? in der Lähmung des Schreckens,
der verzweifelten Unbestimmtheit, zerrissen in
der unbeantworteten Sehnsucht.
Kann denn nicht Klarheit sein!?

Antwort ist, wenn die leise *Ahnung* in dir zu *weinen* beginnt.

Mich einlassen

**Leben findet statt,
wo ich mich ein-lasse.**

In mir fließt die *Kraft*. In mir schwingt das *Fühlen*, wenn ich mich öffne der Sache, mich hingebe dem Gespräch, der Musik, der Natur.
Wenn ich mich einlasse, lasse ich die *Welt* in mich herein.
Wenn ich mich einlasse, lasse ich *mich* in die Welt hinein.
Wenn ich mich einlasse, *lasse* ich mich. Ver-lasse ich mich. Lasse ich mich *sein*.

Lasse ich mich ein auf einen Ort, in ein Geschehen der Zeit, so schaffe ich die Stelle, wo mich das Leben *ergreifen* kann, wo ich es selbst zu *greifen* vermag.
Im Mich-Einlassen bin ich *da*.

Die Scheune Vergangenheit

Nicht auf das „Stoppelfeld der Vergänglichkeit" starren –
vielmehr in die „Scheune" der gelebten Vergangenheit schauen.

(Nach V. Frankl)

Das Vergangene hat seinen Sinn in der *Frucht*, die
es hervorgebracht hat. Es hat seine Zeit gehabt,
sein Leben gelebt, seine Kraft zur Reife gebracht.

Auf dem Vergangenen ruht das Heute. Das Vergangene gibt Hoffnung für das Morgen, das
Heute verleiht ihm die Kraft.

Es zählt,
> was wir geborgen haben
> was wir gegeben haben
> was wir bekommen haben
> was wir gelebt haben.

Manche „Scheune" ist voll, manche nicht.

Noch bleibt *Zeit*, die noch *nicht vergangen* ist.

Ohne Vergänglichkeit – kein Sinn.

Denn es wäre alles gleich viel, wenn für alles immer noch Zeit wäre ...

Selbstverantwortung

Die Zeit arbeitet nicht für mich.
Das muss ich schon selber tun.

Die Zeit vergeht.
Sie hinterlässt Spuren, Falten, aber keine
Charaktere.

In ihr kann nur wachsen, was gesät wurde.
 Was *in* mir gewachsen ist,
 lag bereit zur Entfaltung
 flog mir zu
 wurde mir gegeben
 brachte die Zeit mit sich –
 aber es lag *an* mir,
 mich seiner anzunehmen
 es zu hüten
 zu pflegen.
Ich bin nicht ich ohne meine Zuwendung.

Wenn nicht *ich* mich einsetze für mich, kann ich es von jemand anderem verlangen?

Wenn nicht *ich* an mir arbeite – wer tut es dann?

Wenn nicht *ich* der leisen Stimme in mir zum Ausdruck verhelfe – wer dann kann mich hören?

Ich bin nicht ich ohne meine Zustimmung.

Angst vor dem Tod

Es ist nicht das Schlimmste, *sterben* zu müssen.
Viel schlimmer ist es – nicht *gelebt* zu haben.

Der Tod, so scheint es, ist eine ständige Bedrohung des Lebens. Ein Infarkt, ein Unfall, ein Attentat, ein Krieg kann unsrem Leben plötzlich ein Ende setzen. Vor der Zeit und noch ehe wir bereit sind.

Dieses Gefühl der Bedrohung, in der sich unser Leben ständig befindet, macht Angst. Angst und Furcht sind Gefühle, die aus dem Schrecken über die *Brüchigkeit der Existenz* entstehen.

Die Angst fixiert. Sie bannt den Blick auf das, was passieren kann, auf die erschreckende Möglichkeit. Angst verwischt das Sehen. Im trüben Starren auf das Ende, auf einen zerstörerischen Ausgang, im Banne dieser Angst übersehen wir, dass der *Tod zum Leben* gehört, dass Sterben ein Atmen ist, das durch das Leben geht.

Kann es das Schlimmste sein, was so natürlich ist, so sicher, so selbstverständlich wie der Tod? Im Bann der Angst übersehen wir, *worauf es ankommt, jetzt,* noch *vor* dem Tod: zu leben, *ganz* da zu sein, *ganz* bei sich zu sein, *ganz* beim anderen zu sein, *ganz* bei dem, was wir tun.

Schwer ist es, gehen zu müssen, ohne Platz genommen zu haben.

Schwer ist es, hungrig gehen zu müssen vom reich gedeckten Tisch.

Schlimm ist es, das Leben verpasst zu haben, ohne eine Gelegenheit zur Wiederholung. –

Gut ist es, wenn uns Angst auf *diese größte Gefahr* aufmerksam macht.

Erwartungen

Es zählt nicht, was ich vom Leben erwarte.
Es zählt, was das Leben von mir erwartet.

(Nach V. Frankl)

Immer wieder diese Frage: Worauf kommt es im Leben an?

Eine *Grundsatzklärung*:

Geht es um eine *Vorstellung* oder geht es um einen *Auftrag*?

Ist also nur das Leben, was den Vorstellungen entspricht, was plangemäß, wunschgemäß, zeitgerecht verläuft? – Oder ist Leben das, was an mich herankommt, was mit mir zu tun hat, was ich als Aufgabe oder Angebot darin erkenne, mich fordernd, mich belebend?

So ist die *Entscheidung*:

Entweder verwirkliche ich *mich*, meine Vorstellungen, meine Wünsche, meine Ziele, oder ich verwirkliche *„mein Dasein in der Welt"* mit ihren Anfragen, Angeboten und Anforderungen, indem ich mich für sie *einsetze*, sie zu meinem Ziele mache.

Alles, worin wir stehen, wird dem existentiellen Menschen zur Frage. Zumindest zur Frage: „Was soll ich damit tun? – Was hat es mit mir zu tun?"

Eine *„existentielle Wende"*:

Sie ist die *Haltung,* die uns vom kindlichen Erwarten löst. Die uns wendet, hinwendet zur Frage, zum Sich-fragen-Lassen. Sich als *Be-fragte* und *Ge-fragte* erleben! Wer bemerkt, dass er in einer Welt steht, die etwas von ihm verlangt und erwartet, die auf ihn hofft, die ihn braucht, die auf sein Dabei-sein wartet, erlebt die Wende, hat den *Schlüssel zur Existenz.*

Der *Sinn*:

Sich dem zuwenden, was *offen* ist in der *Welt,* was aussteht, was werden kann, ist Sinn. Ist *der* Sinn des Existierens.

So kommt der existentielle Sinn durch die Welt

an mich heran. Sein Ursprung stammt nicht aus mir. Seine Erfüllung aber *nur* von mir.

Da aber kommt alles auf *mich* an. Am Ende hängt es von mir ab, ob mein Leben sinnvoll war oder nicht. Hängt es davon ab, ob und wie ich mich auf das, was das Leben an mich herangetragen hat, eingelassen habe –

Vorstellungen

Vorstellungen verstellen das Leben.

Leben – jeden Morgen *erwacht* es aus seinem Traum.

Jeden Tag setzt es *Wurzeln* an, auf jeder Stufe seines Alters und in jeder Erfahrung. Der Morgen holt es in den Tag. Jeden Tag ist dieses Leben anders, noch nie gewesen, jede Stunde kann Überraschung sein, Freude oder Last.
Leben gibt uns keine Ruhe.

Keine Vorstellung reicht an das Leben heran. Leben übersteigt jedes Bild. Es hält in keinem Rahmen. Es pulsiert und wächst und vergeht. Es *ist*. Es braucht mich nicht dazu. Es lädt mich ein, dabei zu sein. Jedoch verlangt es etwas: Offenheit, Begegnung, Engagement, Tat.

Wir können es nicht umfassen, können uns Leben nicht „nehmen". – *Sich* das Leben nehmen? Leben fasst *uns*. Wir stehen in ihm. Wir können uns fassen *lassen*. –

Entweder: uns auf das Leben einlassen, es in uns einlassen –

oder es sein lassen.

Selbst-Verlust

Du verlierst dich nur –
wenn du dich vergleichst!

Natürlich: Ohne die anderen können wir uns nicht finden, nicht entwickeln und ist es schwer, ein erfüllendes Leben zu führen.

Denn wie kann ich wissen, wer ich bin, ohne dich, der mir sagt, der mir zu verstehen gibt, wer ich bin, wie ich bin. Der mich lobt, mir Anerkennung gibt, mich fühlen lässt, dass ich dir etwas bedeute.

Wie kann ich wissen, ob ich Wert habe, ohne den Erfolg, ohne den gewonnenen Preis, ohne Wettkampf, in dem ich mich beweise. Ich muss doch sehen, ob ich mithalten kann.

Wir brauchen den Anstoß von außen, die Nahrung, die Liebe, die Anerkennung. Zum Leben

kommt es aber erst, wenn ich es selbst über-
nehme, selbst für mich anwende, selbst mich
positioniere. Mich selbst beachte, mich ernst
nehme, mich um mich kümmere, und so handle,
dass ich mich wertschätzen kann. Dann ist das,
was ich tu und wer ich bin, unvergleichlich – weil
es meines ist.

Doch da kommen die Zweifel: Kann ich mir
denn vertrauen? Ist es denn echt, was ich für gut
finde? Ist es nicht Prahlen („Eigenlob stinkt!"),
wenn ich mich schätze? Egoistisch, wenn ich
mich mag? Muss ich nicht wissen, was normal
ist, um mich einschätzen zu können? Brauch in
nicht die Schulnoten, um zu wissen, wo ich mich
verbessern kann?

Da ist noch mehr: Ist es nicht feige, keine Ansprüche an sich zu haben? Kann es mich kalt lassen,
wenn alle anderen das können, was ich toll finde,
nur ich nicht? Kann ich geschätzt werden, kann
ich mich schätzen, wenn alle gut sind, ich mich
aber für blöd halte? Und ganz schlimm, wenn
da fremde Ansprüche in mir sind: „Bemüh dich

doch … sei nicht so bequem … das müsstest du doch auch können, das ist das Mindeste … wer da nicht mithält, gehört nicht dazu …"

Neid kommt auf: Ich bemüh mich so, aber die anderen sind erfolgreicher. Eigentlich würde es mir zustehen, es ist zutiefst ungerecht so, es nimmt mir die Achtung und den Selbstwert … doch die anderen haben Glück, manipulieren, sind protegiert, verdienen es eigentlich nicht, und ich habe das Nachsehen, bin zurückgestellt, entwertet, zähle nicht, fühle mich übergangen …

Was bringt der Vergleich? Hilft er aus der Not? Was erfahre ich durch den Vergleich? – Ich erfahre nur Punktezahlen, aber nichts über mich. Spielergebnisse, aber nicht das Spiel.

Im Mich-Vergleichen bin ich nicht von anderen gesehen. Es ist keine Begegnung. Niemand kommt auf mich zu, auch ich nicht.

Sich vergleichen schaut nicht auf den Prozess, sondern auf das Ergebnis. Resultate werden verglichen. Bin ich *ergebnisfixiert*, dann suche ich den Vergleich.

Wenn ich *inhaltsorientiert* bin, schaue ich auf den Prozess, erfreue mich an der Entwicklung, mag die Werte fühlen, mit denen ich mich befasse, mag mich daran erleben – was soll da der Vergleich? Im Leben geht es nicht um das Messen, sondern um das Sein, um mein Leben, um mich. Ich habe das Recht, mich zu sein. Ich soll mich sein, und kein anderer. Wenn ich mit mir bin, wenn ich gut mit mir sprechen kann und nicht im Wettbewerb, brauche ich keinen anderen, an dem ich mich messe. Dann ruhe ich in mir.

Erst wenn es um Bezahlung geht, um Karriere, da braucht es den Vergleich der Resultate. Aber der Erfolg ist nicht das Leben – vergleichen führt vom Leben weg.

Jeder ist zuerst und zuvörderst sich selbst, sein persönliches Leben zu leben, ist Grundlage. Jeder Mensch ist anders – keiner ist so wie ich. Selbst ich bin jeden Tag anders.

Unvergleichlich ist jeder Mensch.

In Frage stehen

**Menschsein heißt: in Frage stehen –
Leben ist Antwort geben.**

Unabgeschlossen, unfertig ist unser Dasein, solange wir leben.
So manches war, aber vieles, auch Entscheiden-
des, ist offen.

>Was bringt das Leben noch?
>Wie werde ich?
>Wie wird es enden?

Vieles ist noch offen, vor allem aber dies: Was
mache ich aus alledem?
Was um mich ist und was auf mich zukommt, ist
nicht einfach *da*. Es ist *zu meinen Handen* da:

>Es fragt mich, ob es mich angeht?
>Es fragt mich, ob ich mit ihm zu tun
>haben möchte (Werte) oder lieber nicht
>(Unwertes)?

Es fragt mich, wie ich mit dem umgehen will?

Es fragt mich schließlich: „Was machst du damit?" Jetzt, wo es da ist, jetzt, wo es möglich wäre?

Alles *spricht* zu mir, spricht mich an, ruft mich an, hat mir etwas zu sagen.

Es ist gut, dass ich gefragt bin. Schrecklich, wenn ich nicht (mehr) gefragt wäre!

Menschsein ist in seinem Wesen *Gefragtsein*.

Leben aber – Leben ist *Bewegung*, ist *Kraft*, die sich sammelt, rührt, sich aus mir herausdrängt, zur *Antwort* bündelt.

Leben will etwas tun, will sich geben, sich schenken im *Handeln*.

Leben will empfangen, erfahren, genießen im *Erleben*.

Leben will sich finden und sich erhalten in der *Einstellung*, wenn da Schmerz ist oder Leid, wenn es blockiert ist und aus der Bahn geworfen.

Leben bricht durch, wenn ich *berührt* bin, wenn meine *Kraft* zum Fließen kommt, wenn mich etwas bewegt.

Voll wird mein Leben, wenn es zur *Antwort* wird auf das, was mich angeht, was mich betrifft, wo es mich braucht. Wenn mein Fließen, meine Kraft, mein inneres Berührt- und Bewegtsein darin aufgeht –

> dort *wirkend*, wo ich etwas tun kann, wo ich gebraucht werde, wo ich meine Fähigkeiten entfalten kann
>
> dort *erlebend*, genießend, mich freuend, wo Schönes ist, wo es gut ist
>
> mich dort *zurückziehend* auf meine intim empfundene Einstellung zum Leben, wo es in Gefahr ist, zerstört zu werden.

Die Antwort bringt mich erst hervor – mein Antworten bringt mich in die Welt.

Leben – ein Atmen mit der Welt. Ein ständiger Austausch von innen und außen, von dir und mir.

Leben – ein Dialog. *Wechselrede.*

Abgrund

Die Angst ist wie ein Schwindel
vor der Abgründigkeit der Existenz.

Angst haben heißt zu spüren: *Etwas kann pas-*
sieren. Mehr noch: Es kann *mir* „passieren" – zu
mir kann etwas hindurchkommen, mir kann es
zu-stoßen. Unerwartetes kann „*ein-treten*", kann
ohne meine Erlaubnis, ohne „Pass", ohne Geneh-
migung in mein Leben hereinbrechen.
Angst ist das *Fühlen* dieser Gefahr.

Angst – das ist zurückschrecken, anklammern
an allem, was *Halt* verspricht. In der Umklam-
merung des eigenen Atems, im Festkrallen an
meinen eigenen Körper, bin ich gelähmt
angesichts des Abgrundes vor mir
angesichts dessen, was alles passieren könnte
was möglich ist
was einfach nicht ausgeschlossen ist

was zerstört werden könnte in einem unermess-
lichen Fallen –

angesichts der Tatsache, dass es keine Sicherheit
gibt, keine Garantie für nichts, außer dass wir
sind und dass wir sterben.

Vor dieser Abgründigkeit des Möglichen, des
nicht Festgelegten, des Freien in mir selbst, des
Unbekannten in mir und des Unbekannten in
der Welt
erfasst mich der Schwindel.

Mut zur Freiheit

Wir haben mehr Freiheit –
als Mut!

Was wir alles tun könnten!

Da gibt es das, was wir kennen, was wir täglich tun, freiwillig tun, notgedrungen tun: arbeiten, sprechen, kochen, essen, besuchen, Besorgungen machen …

Da gibt es noch viel mehr, an das wir üblicherweise gar nicht denken: das Ungewöhnliche, das Unbekannte, das Neue, das Fremde, das Ängstigende, das Beschwerliche, das Gehasste, das Anstrengende …

Auch Möglichkeiten umgeben uns, unzählige, bei weitem können wir sie nicht ergreifen: Freunde, Kino, Theater, Netflix, Internet, Spotify, Wandern, Sport, Meditieren, mit sich sein, reisen, schreiben – auch lesen ...

Wir sind frei, viel freier, als uns zumeist bewusst ist, radikal frei, so frei, dass wir gar nicht aufhören können, frei zu sein ...

Natürlich sind da Begrenzungen – dennoch sind wir frei, allen Begrenzungen zum Trotz! – Groß ist die Freiheit – doch machen wir wirklich Gebrauch von ihr?

Oder: Halten wir uns im Sicheren auf, im Gewohnten, scheuen das Risiko, tun eher, was alle tun, sprechen nicht mit dem schwierigen Kollegen, gehen das Problem in der Beziehung nicht an, nur keine schlafenden Hunde wecken, vermeiden die Konfrontation, das Ansprechen des Unrechts, es könnte übel auf einen zurückfallen, vergessen die Zivilcourage, schützen uns in der Masse, im Gewöhnlichen, im Alltäglichen?

Freiheit zu leben, hat Konsequenzen. Sie können eine Last sein, lästig, schmerzlich. Freiheit braucht Kraft: für die Veränderung, für das

Umsetzen, für das Tragen der Konsequenzen. Sie macht mich wirklich und wirkend. Sie hat Folgen – auch wenn sie nicht gelebt wurde ...

Schöpfe ich meine Freiheit aus? –

Habe ich den Mut?

Gestalten

Statt sich überlassen –
sich einlassen.

Leben nicht bloß geschehen lassen.
Ist vielmehr: mich ihm *entgegenhalten*, mich hin-
eingeben, hineingehen.
Mich anvertrauen, mich verlassend einlassen.
Mich schenken, dem anderen geben.
Statt mich zurückzuhalten und an mich zu klam-
mern, mich einlassen auf den Halt des Bodens,
der Beziehung, des Glaubens – mein Gewicht
abgeben an das, was trägt.

Nicht steuerlos treiben.
Gestalten, was mir entgegenkommt. Wirken, wo
es der Form bedarf. Tragen, was dazugehört.
Mich einlassen auf die Trauer, wenn da Trauer
ist.
Das Glück atmen, mich an die Hoffnung halten.
Der Versuchung ins Gesicht schauen.

Dabei sein.

Niemals mich aufgeben, niemals mich beiseite-
stellen.
Nie ohne mich!

Leben

Leben heißt nicht: kein Problem haben,
   perfekt sein, alles können.
Leben heißt: Mach etwas aus allem!

Problemloses Leben, das ist nicht Leben, sondern
eine *Vorstellung* bloß!
Leben, das kräftige, wirkliche, pulsierende Leben,
versucht aus allem etwas zu machen,
   aus dem Problem
   aus dem Unfertigen
   aus dem Unvermögen
   aus dem Fehler, der Schuld.

Diese *Sehnsucht* nach dem Paradies, nach dem
Frieden, nach dem Glück, nach Harmonie und
Erhabenheit! –
Diese *Angst* vor dem Leben, vor dem Berührt-
werden am Leib, vor dem Bewegtwerden in der
Seele! – Leben schmerzt auch und brennt.

Alles, was ist, ist *Ausgangspunkt* für den Lebenden.

Das wirkliche Leben – es liegt *in* mir. Es liegt *an* mir, es in die Welt zu bringen.

Leben will *vollzogen* werden. Wie die Liebe auch.

Erfolg

**Erfolg kann nur
er-folgen**

Hat Erfolg nicht *Gesetze*, die man beherrschen kann? Ist Erfolg nicht *zwingende* Folge für den Tüchtigen, *Lohn* des Geschickten, *eigenes* Verdienst?

Erfolg ist eine *Folge*. Eine lose Folge auf die Bemühung, auf den aktiven Einsatz. Ihn braucht es, sonst handelt es sich nicht um „Erfolg", sondern um reines Glück. Wir können dem Erfolg nur den Boden bereiten – ob er sich einstellt, ist nicht in unserer Hand. Erfolg ist wie ein *Gewinn* aus einem „Kapitaleinsatz", wie ein Geschenk. Es gibt kein Recht auf Erfolg.

Erfolg kann man nicht *machen* –
man kann nur seinen Teil dazu geben, mit Klugheit seinen Einsatz leisten.

Was daraus wird, der *Ausgang,* bleibt offen. Zu viele Faktoren spielen mit. Wir haben sie nie in Händen, nie alle in Kontrolle. Wir sind dieser Welt ausgeliefert, ausgesetzt den Strömungen und Stürmen des Lebens-Meeres.

Ich kann nur die Segel hissen und ein wenig steuern.

Ich kann nur die Angel werfen und warten.

Ich kann nur säen und hoffen.

Ich kann nur das mir Mögliche tun – dies aber *ganz.*

Der Rest ist spannend, ist die Spannung des Lebens, ist *Spiel* mit dem Einsatz, ist *Glück*:

Was wird?

Erfüllung

**Erfolg erfüllt nicht –
die Hingabe erfüllt.**

Erfolg – die *Krönung* der Tat, die Belohnung der
Anstrengung! Das *Ziel* ist erreicht. Der Erfolg
gibt *Recht*. Die Sache hatte Sinn.
Erfolg macht glücklich. Ohne Erfolg wäre es auf
nichts ausgegangen. Es wäre vergeblich gewesen.
So erscheint uns meistens der Erfolg.

Doch: Wäre es ohne Erfolg wirklich *vergeblich*
gewesen, was ich tat? Hätte es *keinen Sinn* gehabt?
War es nicht gut, es trotzdem versucht zu haben?

Was ist Erfolg? –
Was Erfolg ist, hängt von meinen *Zielen* ab. Aber
sind meine Pläne so gut und weitsichtig, dass ich
alles an ihnen messen soll?
Ist nicht alles, was aus meinem Handeln entsteht,
ein „Er-folg" – unmittelbare Folge meiner Tat?

Ist Erfolg dann noch besonders wichtig, wenn ich etwas aus Interesse ganz gelebt habe?

Ist es nicht das größere Glück, der schönste Erfolg, die tiefste Erfüllung, den *Inhalt* leben zu können, der einem *wichtig* ist?

Erfolg – auf Dauer höhlt er aus, wenn es einem nicht um die *Sache* geht. Für den Erfolg leben ist ein Spiel. Glücksspiel, das süchtig macht.

Erfolg ist nicht der *Sinn* der Handlung. Sinn ist die Sache, nicht das Glück.

Erfolg ist ein *Geschenk* für mein Bemühen. Und ein *Korrektiv* für Engagement und Klugheit.

Sich gut tun

**Wer sich *selber* gut tut, tut auch *anderen* gut.
Wer mit *sich* sein kann, kann auch mit *anderen* sein.**

Egoismus oder Altruismus? – Das ist nicht die Frage, wenn es um Sinn geht.

Im Umgang mit Menschen geht es um die *Haltung*, die Wertvolles, Gutes hervorbringen will.

Für andere Menschen.

Für die Geliebten besonders, für die Ferneren auch.

Jeder ist Mensch, auch ich für mich.

Fördere ich *mein* Leben im Dienste des Sinns, so bin ich auch für *andere* wichtig. Spezialisiert auf gutes Leben.

Eigenwert

**Die Werte nicht nur auf ihren Nutzwert
entblättern,**

sondern ihren Eigenwert sehen.

Den anderen *in seiner Art* erleben.
Die Natur in *ihrem* Blühen, Wachsen und Vergehen erfühlen.
Auf das Singen der Dinge achten. Der Melodie
des Lebens folgen.
Sich von der Vielfalt und dem Reichtum der
Dinge inspirieren lassen. Farbe und Klang in
sich aufnehmen, sich an der Unterschiedlichkeit
freuen, in ihrem Erleben den *eigenen* Wert finden.
Staunen über das Ursprüngliche, Echte, Eigen-
ständige. Es *schätzen*, weil ich *dich* darin finden
konnte. Und *mich*.
Jemandem zu dem Seinen verhelfen, dem Kind,
dem Schüler, dem Kollegen, dem Partner, sich
selbst – schöpferisches Glück.

Wofür?

Immer mehr zu haben, *wovon* wir leben,
birgt die Gefahr,
immer weniger zu haben, *wofür* wir leben.

(Nach V. Frankl)

Das Materielle sättigt. Den Durst aber stillt es
nicht.

Der Wohlstand hebt den Standard und erleichtert das Leben. Er ist bekömmlich mit seinen
Annehmlichkeiten und Möglichkeiten. Eine Be-
reicherung, wenn man sich seiner bedienen kann.
Aber kein „Muss". Wohlstand hat seinen Preis. Er
kann auch Hindernis sein, vielleicht öfter, als uns
bewusst ist. Er kann betäuben, abstumpfen, ein-
lullen, ablenken auf das Beiwerk, was nicht Kern,
Substanz, wesentlich ist.

Wohlstand braucht es nicht für die *Erfüllung* im
Leben. Wohlstand ist nicht Leben – er ist eine
Form von Leben. Für Wohlstand zu leben, lohnt

sich nicht. Das Mittel ersetzt nicht den Zweck. Wenn das Mittel seinen Dienst erfüllt hat, gibt es nichts mehr her. Ohne Inhalt ist es leere Form. Erfüllung kommt von woanders, kommt aus dem *Inhalt*, nicht aus der Form. Weder die Steigerung der Geschwindigkeit noch die Erhöhung des Komforts trägt zum Sinn der Reise etwas bei.

Wohlstand macht vieles leichter, aber gibt keine Erfüllung.
Das kann man leicht übersehen.

Zustimmung

Nicht bloß leben –
mit Zustimmung leben!

Es vergeht das Leben. Manchmal ist mir, als ob es nicht gewesen wäre.

Wenn Zustimmung fehlt bei dem, was ich tu und lass', was ich fühle und erlebe,

> dann geschieht das Leben ohne mich
>
> bleibt es mir fremd
>
> ist es nicht meines
>
> ist es nicht erfüllt, weil es mir nur geschieht.

Ohne Zustimmung bin ich nicht wirklich da, bin passiv, reserviert, verschlossen.

Die *Zustimmung* erst macht frei, öffnet, lässt *mich* wirksam werden, gibt Zutritt und atmenden Austausch mit der Welt. Mein „Ja" macht mich *wirklich*, macht die Welt zur *Wirklichkeit*.

Kein Mensch kann ohne seine Zustimmung glücklich sein.

Zustimmung – das ist ein „Ja" zum Leben.

Erledigt

Wer alles nur erledigt –
erledigt sich selbst.

Manches wollen wir bloß erledigen, wollen es
nur vorüber haben, weggeräumt. Es soll *fertig*
sein. Man will es los sein.
Erledigen ist wegräumen. Es geht nicht um den
Inhalt. Die Ordnung soll gewahrt bleiben.
Erledigen hat seinen Preis.

Um den *Wert* der Sache zu fühlen, ist keine
Zeit.
Die Tätigkeit erleichtert, aber *erfüllt* nicht,
nährt nicht, gibt nichts, ist inhaltsleer.
Erledigen *entleert*. Das Glück ist, dass es vorüber
ist. –

Man kann auch das Leben erledigen. Abhaken,
formal die Leistung vollbringen, fleischlos, blut-
los, schmerzlos, kalt, leer, die Sache hinter sich
bringen.

Ich bin. Meine Beziehung zur Welt: erledigt. Meine Beziehung zum Leben: erledigt. Ich selbst: erledigt.

Zu viel

Es gibt Zeiten,
die schieben dich
durch die Schmiede des Lebens.

Nichts scheint mehr zu gehen, wir sind am Ende.
Es fehlt die Kraft, die Hoffnung, das Geld, der
Zuspruch – es fehlt an allem.

Alles habe ich falsch gemacht, das Falsche ge-
sagt, getan, entschieden. Jetzt ist es zu spät – es
ist zerstört, es ist vertan.
Es türmen sich die Probleme, wo doch keine
Zeit ist für sie, wo ich die Hande voll habe mit
anderen Aufgaben, Pflichten, Dringendem,
Notwendigem.
Nun auch das noch. Ich halte es nicht mehr aus.
Es wird mir alles zu viel. Ich möchte davon-
laufen, zusammenbrechen, krank werden.

Es gibt Zeiten, die schieben unerbittlich nach, Fracht um Fracht. – Fragt denn keiner, ob das zu tragen ist?

Trag es oder lass es. Du kannst nur tun, was du kannst – so viel du kannst. Versuch nicht, das Leben zu bezwingen. Versuch nur, was du kannst. Schritt um Schritt. Es geht nur um den einen Tag, wenn es ums Leben geht.

Trag, was du kannst, und lass das andere.

Die Zeit schiebt. Sie schiebt weiter. Sie schiebt auch uns. Sie schiebt uns auch wieder heraus, schiebt uns in anderes hinein.

Ich bin

Es gibt mich –
aber bin ich auch wirklich da?

Es ist das *Selbstverständlichste* auf der Welt, dass
ich da bin. Wie alles andere, woran ich mich
gewöhnt habe: dass es dich gibt, dass es zu essen
gibt, dass ich etwas zu tun habe ...

Etwas als selbstverständlich zu nehmen, heißt
noch nicht, es *verstanden* zu haben. Ist nicht
gerade das Selbstverständliche schwer zu begreifen? Tun wir ihm nicht unrecht, wenn wir es
einfach nur hinnehmen, ohne uns darum zu
bemühen? Machen wir es dadurch nicht zum
Banalen und entkleiden es seines Zaubers, seines
Charmes, seines Reizes, seines Besonderen?

Wir bringen Leben in die Wirklichkeit, wenn wir
neugierig sind. Interesse macht die Dinge unge-
wöhnlich. Wir schenken Beachtung, wenn wir

nicht von vornherein annehmen, dass alles klar ist: das Frühstück, das Geld, die Beziehung, die Arbeit, die Freunde, die Kinder, die Gemeinschaft, der Staat, die Gesundheit, die Welt, die Sterne – mein Dasein.

Ich bin da, zweifellos. – *Spüre* ich auch, dass es mich gibt?
Wann spüre ich, dass ich wirklich bin? –
Und: Habe ich überhaupt schon einmal *gestaunt*, dass es mich gibt?

Behinderung

Nicht können

Das Zeug nicht haben
die Kraft, das Wissen, die Fähigkeit, die Idee, die
Stimmung, das Geld, die Erfahrung, die Unter-
stützung, die Übung, die Bereitschaft, den Wil-
len, den Grund, die Lust, die Potenz, das Denken
alle die Mittel

nicht

immer *nicht*
immer die Wand,
der Vergleich mit der Vorstellung
     was ich können *sollte*
     was sein *könnte*
     was besser *wäre*
aber *nicht ist*
mich *nicht* sein lässt in der Welt

mit Untergang bedroht

angewiesen macht

mich *nicht sehen* lässt

was *da* ist

hinter der Wand,

die meine ist –

die meine Behinderung ist.

Schicksal

Nicht nur: Wie geht es mir? –
vielmehr: Wie geht es *mir mit mir*?

Nicht nur: Bin ich zufrieden mit meinem
Leben? –
vielmehr: Bin ich *mit mir* zufrieden in meinem Leben?

Statt von anderen etwas zu erwarten –
sich selbst erwarten, *sich* in Empfang nehmen.

Wir lernen nach außen zu schauen.
Wir sehen, was um uns geschieht, was uns in der
Welt widerfährt, was das Leben mit uns macht.
Wir fragen:

Wie läuft das Leben?

Was bringt es an uns heran?

Wie behandelt uns das Schicksal?
So sind wir Ausgesetzte in der Welt und sehen uns
als Erleidende; manchmal als Opfer des Gesche-

hens, jedenfalls als *Empfänger* des Schicksals.

Es ist so. Es ist nicht alles. Längst nicht alles.

Nicht alles ist Schicksal. Erfüllung und Zufriedenheit – ein Schicksal? Das Leben kann leichter oder schwerer sein. Doch das Erschließen der Tiefe kann uns kein Schicksal nehmen. Der Zugang zur Fülle, zum inneren Glück, zum Sinn erwächst aus dem Inneren. – Existentielle Erfüllung ist *mein* Werk.

Die *entscheidende* Rolle im Leben spiele ich selbst. Von mir hängt es ab, wie die Noten gespielt werden, die das Schicksal vorgibt. Von mir hängt es ab, wie es mir *innerlich* geht, wie es mir *mit mir selber* geht – ob ich Erfüllung erlebe oder von mir weggehe.

Auch wenn ich es kaum wage, mich nach mir zu fragen. Aus Scheu vielleicht vor der Intimität und Angst vor Bewertung?

Grundwert

**Ich bin da –
mag ich
leben?**

Hineingeboren sind wir in diese Welt, hinein-
gestellt, hereingekommen, hineingeworfen
vielleicht.
Niemand hat mich gefragt – ungefragt finde ich
mich vor. Hier.

Wie aber ist das für mich? Für mich als Menschen mit Fleisch und Blut, mit Haut und Haar,
mit Freude und Schmerz, Trauer und Glück?
Wie fühlt sich dieses Leben an?
Wir haben ein *Gefühl* für das Leben, weil wir
Dasein *er-leben, erleiden*. Wir sind keine funkti-
onierenden Apparate, sondern sind durchpulst
von warmem Blut, durchströmt von Wahrnehmung, die wir fühlen, durchhallt von erle-
bendem Echo. Alles, womit wir zu tun haben,

drückt sich uns ein. Nichts geht spurlos an uns vorüber.

Weil Leben gefühlt wird, stellt es mir die Frage: *Mag* ich leben? –

> Ist es gut, da zu sein, in dieser Welt, in meinem Leben? –

Kann ich mit meiner Antwort gut leben?

Bedingungen

**Je mehr Bedingungen einer an das Leben
stellt,
desto kränker, schwächer, bedürftiger ist er –
wird er.**

Ihm vorschreiben wollen, wie es zu sein hat, *dem
Leben*!
Ihm ansagen, diktieren, die Weichen stellen?
Wählerisch sein, sich zieren, zurückschicken?
Sich *über* das Leben stellen, es sich unterwerfen,
gefügig machen?

Das Leben!
Wo wir doch *in* ihm stehen, wo es doch *aus*
uns spricht, uns durchströmt!
Das Leben!
Wo es doch *vor* uns war und *nach* uns ist!
Wo es doch Geschenk ist, unfassbar,
Geheimnis.

Doch ist da nicht die *Not*, die Schwäche, die Last, der Schmerz, die das Leben *unerträglich* machen?

In der Not stellt der Mensch *Bedingungen*, hoffend, dass sie ihm das Überleben ermöglichen.

Trotzige Ohnmacht.

Nähe

**Komm bei dir selber an,
dann kommst du auch
bei anderen an.**

Zu sich finden
bei sich sein
aus sich heraus leben
in Fühlung mit sich
in Liebe zu seinem Körper und Gefühlen
in der Freude am Leben –

diese Schwingung strahlt aus. Sie ist eine Kraft,
die wirkt und auch den anderen erreicht. Sie
berührt, sie öffnet den Zugang zur Person.

Diese Schwingung, dieses Berührtsein vom eigenen Leben, ist kostbar. Sie lässt mich das Leben
als *Wert* fühlen, lässt mich selber Wert sein.

Der andere wird es mögen, dabei zu sein, wenn ich Leben mag, Menschen mag, für Zukunft lebe, wenn er dieser Hoffnung begegnet, diese Kraft sieht, die ich an mir verwirkliche, die ich durch mich leben lasse. Es ist sympathisch, wenn ich das Leben mit mir lebe, bei mir anfange, mir darin begegne,

dem Protagonisten in meinem Leben.

Geborgenheit

Liebe lässt mich sein bei dir
auch in meinem Leid, auch mit meiner
Schwäche.

Bei dir sein
so, wie ich bin – und du nimmst mich an.
Du hältst mich, weil ich es bin, siehst mich.
Fühlst mich.
Ich zähle.
Es braucht nicht
die Leistung, die Stärke, den Erfolg. Sie lenken
ab von mir
und dir –
vom Unvermittelten, Zarten,
das in der Schwäche liegt.

**Eine Beziehung
lebt durch die Zeit,
die wir füreinander haben.**

Die Verbundenheit mit einem Menschen ist
empfunden, *gefühlt* – nicht gedacht, nicht
logisch, nicht digital, nicht zweckhaft.
Sie hat *ihre* Vernunft.
Sie hat ihren *Wert*. Den Wert des Sich-nahe-sein-
Könnens, des Sich-Erfreuens an dir, des Erlebens
deiner Art, deines Denkens und Fühlens, des
gemeinsamen Schwingens und Sich-Berührens.
Die Beziehung wird durch die guten Gefühle
lebendig, die mir zukommen, die in mir aufkom-
men durch dich, durch den Gleichklang mit dir,
der mich in Resonanz bringt mit dem Leben.
Beziehung ist Fühlung aufnehmen mit dir, mich
einstellen auf dich, mich freimachen für dich,
mich berühren lassen, dich mir nahe kommen
lassen, mit dir sein wollen, dir nahe sein,

weil es da gut ist
weil da Leben ist –
für dich und für mich.

Überraschung

Leben heißt,
dass immer etwas dazwischenkommen kann.

Leben ist keine Garantie. Sicher ist der Tod.
Alles kann sich ändern. Leben ist *Wandel*.

Leben hat Abschnitte, Phasen, Wellen – aber
keine Schienen.
Wir können manches planen.
Doch umfassen wir es nie, das Leben. Erfassen es
nie. Fassen es nicht.

Leben geht *seinen* Weg.
Es hat *seine* Weisheit (nur Gott ist klüger),
wir aber sind Teilhaber
Wellenreiter
Empfänger und Träger
von *allem*, was das Leben bringt.

Und *immer*.

Wut

Die Wut –
ein Schrei nach mehr Leben.

Nicht an dich herankommen,
weggeschoben sein
von der Wärme und
die Nähe vorenthalten,
  wo Leben wäre
  Nahrung für mein Herz
  Stärkung für das Leben
die auch dir guttäte
die *mich* leben ließe für dich, durch dich und dir
Leben brächte –

dich *schütteln* möchte ich,
in meinem Leid, das so wehtut,
dich wachrütteln, anschreien, schlagen – *damit*
du siehst,
  was du zerstörst an Wertvollem
  was du verhinderst

entwertest, blockierst
wie du mein Herz
mit Füßen trittst.

Paradies

Keine Beziehung, auch die beste nicht,
kann mich mir abnehmen.

Im Paradies des Kindseins bleiben mögen.
Die Erinnerung nicht aufgeben an das Glück,
das erhaltene oder ersehnte, vorenthaltene.
Die Last nicht selber tragen,
des Lebens, des Leids, der Freiheit, des Sinns,
umhüllt vom Schutz der Sorge anderer im Leben
gehalten.

Im Taumel der Beziehung
diese tiefe Sehnsucht der Ur-Einheit
nach Aufgehobensein im Ursprung
  in Sicherheit
  unendlicher Freiheit
  Leichtigkeit
  und schmerzlosem Glück
wieder spüren,
kann uns verleiten

und vergessen lassen die geschehene Geburt in
die Freiheit
     der Selbständigkeit
     des schöpferischen Gebens
     des Gefragtseins
     des Leidens für eine Ahnung
der Ganzheit, deren Teil ich bin.

Allein
ich wie du
wir.

Alleinsein

Einsamkeit ist die Verzweiflung am Nichts.
Alleinsein ist Fülle –
mit Gott und der Welt,
mit mir ungestört sein.

Wenn ich *allein* bin und da *niemand* ist, wirklich niemand, falle ich in die Leere. Keiner spricht mit mir, keiner sieht mich, niemand ist zugegen in dieser Wortlosigkeit, Fühllosigkeit. Ein Staubkorn im All, unbehaust, ortlos, ein Verlorener.

Wenn ich *nicht allein* bin, weil da *viele* sind,
aber niemand mich versteht, mich kennt, mich erkennt, mich mag
von den Höflichen, Förmlichen, Lieblichen, Netten, von den Gierigen, Arroganten, Ehrgeizigen, von den Gaunern, Betrügern, Schlägern, Cholerikern, Despoten, Tyrannen – dann bin ich einsam, noch einsamer unter den vielen.

Wenn ich *allein bin mit mir,* eins bin mit mir, ganz
eins, „all-eins" – dann *bin* ich –

bin ich verbunden mit mir, bei mir, im Gespräch mit mir

bin ich verbunden mit der Welt, durch
mich, durch das Gespräch mit mir, durch
die innere Offenheit im stillen Austausch
mit allem, das selbst noch im Ausschnitt
durchschimmert

bin ich eins mit dem All.

Kritik

Wer sich schwer tut,
Freude zu zeigen über Lob und Anerkennung,
der ist empfindsam auch bei Kritik.

Lob und Kritik – zwei Seiten einer Medaille, zwei Pole auf einer Ebene. Bei beiden geht es um *mich*, um mich als Person.
Lob meint das Ich mit seiner Leistung. Es festigt die innere Verankerung in mir und die äußere unter den Menschen, deckt mein Wesen auf in einer Art, wie es sich getrost sehen lassen kann.
Kritik betrifft denselben Kern, dasselbe Ich, stellt es in Frage, beschneidet es, deckt es auf in einer Art, die sich nicht gut sehen lassen kann.

Wenn man aber die Freude über das anerkennende Wort nicht zeigen kann,

> hilflos in der Beschämung über die Schwäche, weil einem das Lob doch so wichtig ist,

insgeheim leider wichtiger als einem selber recht ist, still errötend und nicht wissend, wie das persönliche Gemeint-Sein
wirklich aufzufangen, wie mit ihm umzu-
gehen ist,
sich so versteckt haltend in unerfahrener, unbe-
rührter Empfindsamkeit und stiller Not über
den Wert des Ich,

trifft
einen Kritik unvermutet,
jählings, an zartester Stelle, zerstört
die insgeheime Hoffnung auf anerkennendes
Gesehen-Werden, auf Festigung dessen,
was man ist und von sich hält.

Unterscheiden

Entscheidung braucht *Unter*-scheidung.

Eine Wahl treffen –
Möglichkeiten trennen, den einen Weg nehmen
und sich vom anderen abwenden –
sind *Urteile*, durch die wir Realitäten schaffen
und mit denen wir über die Realität und uns
selbst verfügen.
Entscheiden ist *scheiden*. Ist trennen, um *einen*
Weg freizulegen.
Entscheiden ist Vorziehen des einen und
Zurückstellen des anderen, ist *bewerten*, was es
jetzt braucht, was jetzt das Bessere ist für einen
größeren Wert, um den es geht in der Entscheidung, für eine Beziehung etwa, für das Leben,
den Sinn, die Existenz.
Entscheiden macht mich *handlungsbereit*.
Ist die Spreu vom Weizen geschieden, kann ge-
mahlen werden. Ist klar, was das Bessere ist, steht
die *Richtung* fest, ist die Orientierung geklärt.

Ist es entschieden, steht der *Entschluss* an, es auch tatsächlich zu tun, den Weg zu gehen, die Kraft hineinzugeben.

Ekel

Ekel

 Vergiftung oder Übersättigung

Etwas „passierte" mir: Es war zu viel. Oder es war nicht gut, was zu mir durchkam. – Jedenfalls war es nicht *richtig*, nicht *recht* in Maß, Art oder Inhalt.

Mein ganzes Gefühl ist darauf eingestellt, davon wieder *loszukommen*. Es will mich befreien, will mich vor weiteren Schäden bewahren. Der Anblick allein, der Geruch, die Erinnerung, die Vorstellung, der Gedanke daran sind mir schon zu viel,

 an die Arbeit

 an die Speise

 an die Zigaretten

 an den Alkohol

 an die Sexualität

 an den Konflikt

an den Partner

an den Missbrauch

an was auch immer.

Es *widerstrebt* mir, ist dem Körper, dem Gefühl, dem Geist zuwider, allem, alles widersetzt sich, wehrt sich, bäumt sich auf, sträubt sich, will das Gift mit Macht wieder loswerden –

alles will nur Ruhe, in Ruhe gelassen werden, sich abgrenzen, für sich sein.

Ungeschickt

Andere nicht lassen können, wie sie sind,
spiegelt die eigene Ungeschicklichkeit.

Sie stören uns. Wir kritisieren sie. Wir wissen,
wie sie sein müssten,

>schneller, schöner, ehrlicher, offener, takt-
>voller, zurückhaltender, mutiger, liebe-
>voller,

alles sehen wir, wüssten wir. Über alles reden wir
mit den anderen über die anderen.

Sind *wir* nicht *besser*, in diesen Punkten jedenfalls, wo wir so klar die Mängel sehen, die *sie*
nicht sehen, diese anderen?

Sie stören uns mit ihren Mängeln und Fehlern.
Wir möchten sie am liebsten *anders* haben. Es
fällt uns schwer, damit zu leben, wie sie sind,
anders wäre es leichter.

Ist es mein Fehler nicht auch: nicht sein lassen können, mich einmischen, wo ich nicht zuständig bin? Meine Schwäche? Eine Unfähigkeit, mit ihnen zu leben?

Lass sein einen jeden. Er ist wie du – und übe dich in *Gelassenheit*.

Selbstwert

Ich bin ich –
darf ich so sein?

Einmalig ist die Person, *einzigartig* ihr Wesen.
Einmalig bin *ich*.
Einzigartig ist *mein* Wesen,
unverwechselbar,
nicht austauschbar dort, wo es um *mich* geht.
Keine andere Person ist so wie ich, keine hat
mein Aussehen, mein Schicksal, meine Erfahrung, meine Gefühle, keine trifft *meine* Entschei-
dungen, keine trägt *meine* Verantwortung, lebt
meine Liebe.

Ich bin *anders* als alle anderen. Abgegrenzt,
unterschieden, be-sonders.

Ängstlich macht es mich, Gefühle der Einsamkeit beschleichen mich im Bewusstsein dieser Verschiedenheit, dieses Geschieden- und

Unterschieden-Seins, dieser Abgründigkeit von Individualität.

Nimmt man mich an, so wie ich bin?

Werde ich geliebt, so wie ich bin?

Wer schätzt mich? – Kann man mich achten, respektieren?

Wer sieht mich als die, die ich bin, wer mag mich sehen als den, der ich bin?

Ist es richtig, wie ich bin – oder bin ich im Grunde falsch?

Ich darf
so sein, wenn ich wirklich so bin, wie ich eigentlich bin.
Wenn ich wirklich *ich* bin,
authentisch.

So soll ich sein, ICH, aus meinem inneren Ursprung lebend.

Transformation

Ich bin da –
wofür ist mein Leben gut?

Alles kann *gut* sein im Leben, kann in Fülle sein: Gesundheit, Reichtum, Erleben, Erfahrung, Beziehung.

An allem kann es mangeln: an Gesundheit, materiellen Mitteln, Erleben, guten Erfahrungen, Beziehungen.

Immer ist die Frage dem Menschen die gleiche: Wofür bin ich da? – Ist mein Leben für etwas gut, für etwas Größeres als mein Planen, Weiteres als mein Genießen, Umfassenderes als mein Horizont? – Weiten will sich unsere Seele, sich sehnend nach dem Überstieg.

Geht mein Leben in etwas auf, das mehr ist als ich? Kann ich mich an etwas verlieren, lebend von mir loskommen, mich verwandelnd in anderem Leben wiederfinden? Im Du, im Wir, im Ihr fruchtbar werden durch mein Dasein

meine Liebe

meine Entscheidung

meine Tat?

Wer nicht im Größeren steht, der hat den Sinn

nicht.

Bewunderung

Bewunderung ist sich vergleichen aus der Ferne,
ohne Näheres zu wissen.

Wenn wir bewundern, sind wir ergriffen von der Leistung, dem Können, dem Talent, der Schönheit und voller Phantasie über das, was dadurch möglich wird dem, der das hat, kann, ist.

Es ist *Staunen* – und doch nicht Gelassenheit.

Es ist *Verehren* – und doch nicht wirklich Sehen.

Es ist *Erheben* – und doch selber ein wenig daran beteiligt sein.

„Wie *der* das kann!" – „Wie gut *sie* ist!"
„Das möchte *ich* auch können", ist der stille Wunsch des Bewunderers. Und er ist dabei mit seiner Verehrung, gehört dazu als Bewunderer, fühlt sich als Verehrer als Mitglied der Familie.

Wer bewundert, der erhebt, stellt aufs Podest –
und geht selbst nicht leer aus.

Wer bewundert, hat das Begehrte nicht selbst.
Wer bewundert, der schreibt sich zu, als Mensch
es auch besitzen zu können – *Gott* wird nicht
bewundert.
Wer bewundert, beginnt hinter der Verehrung zu
spüren, was ihm fehlt – Keimzelle des *Neids*.

Bewunderung verbleibt in *Distanz*. Wer bewundert, weiß nicht um die Mühe, die Details, das
Leid. Er weiß nicht, was dem Bewunderten selbst
zufiel, als Geschenk zukam, durch ihn sich zeigen
konnte, auch *ihm* ein Wunder ist.

Die Bewunderung – kann sie dem Menschen
gelten?

Vorwurf

**Vorwürfe
sind Übergriffe.**

Ich hätte doch können – !
Warum hast du nicht – !
Vorwürfe greifen an die Person, brennen wie
Säure, schreiben vor, übergehen die Freiheit, das
Recht auf Irrtum, die Begrenzung, die jeder hat,
die Grenzen, in denen alle stehen.
Vorwürfe schmerzen, weil sie von vornherein
ausschließen

    den guten Grund
    die Umsicht
    die Fähigkeit.

Ihr Mahnen, ihr drängender Antrieb geht in der
Verletzung unter

    im Besserwissen
    durch den fehlenden Dialog
    im Machtanspruch

oft genug aus der sicheren Position des Nachhinein erst vor die Füße geworfen. Unvermutet. Aggressiv, um dem Leid Luft zu verschaffen.

Vorwürfe – schmerzliche Ohnmacht im Allmachtsgewand.

Jetzt

Nur jetzt ist Leben
> *Was* ich jetzt tu …
> *Wie ich es heute tu …*
> – das *war* dann mein Leben

Diese Stunde – sie ist mein Leben!

Nur in dieser Stunde kann Leben werden. In jedem Augenblick ist wieder Gelegenheit.

Leben hat keinen anderen Raum als das Jetzt.

> Wenn ich es ohne Herz tue – so war mein Leben ohne Herz.
> Wenn ich es ohne Überzeugung tue – so war mein Leben ohne Überzeugung.
> Wenn ich nicht selbst will, was ich tue – so war es nicht mein Leben.

Wofür ich nicht Zustimmung habe, ist verpasstes Leben. Vertane Zeit. Leer geblieben, vergebliche Chance.

Oder aber –

> Wenn ich die Wichtigkeit fühle – so war mein Leben wichtig.
> Wenn ich es mit Freude tue – so war es ein Leben in Freude.
> Wenn ich es trotz Schmerzen tue – so ging mein Leben über den Schmerz hinaus.

Wenn ich leben will – wann, wenn nicht jetzt, in diesen Moment ganz eintauchen.

Der Rabbi wurde gefragt: Was ist der Sinn deines Lebens? „Das", antwortete er, „was ich gerade tue."

Entspricht es nicht mir, lebe ich einen Irrtum.
Sind es Vorstellungen, nicht die Wahrheit.
Wirkliches Leben ist wirkendes Leben, wirkt sich aus auf die Welt, auf uns selbst.

Wofür ich mir Zeit nehme – dort schenke ich
mein Leben; ein Stück meines Lebens.

Wenn ich mir Zeit nehme für dich, schenke
ich mich. – Dir.
Wenn ich mir Zeit nehme für mich –
schenke ich Leben – mir.

Wer *sich* lassen kann,
kann sich *ein*-lassen.

Gedanken und Ideen
Pläne, Wünsche, Sehnsüchte
Ängste, Angst, Sorgen
Schmerzen, Verzweiflung, Bedürfnisse
Einsamkeit, Kälte, Lieblosigkeit

gelten lassen
sein lassen
an sich heran-lassen
  nicht aus-lassen
sich dabei nicht ver-lassen
  sondern zu-lassen
  ihre Botschaft, Aussage, Hinweise,
  Anregung

dann aber
sie mal zurückstellen auch

versuchen

auf anderes

schauen

versuchen

wollen

tun

wissend, was sie sind,

die Gedanken und Ideen

die Ängste und Schmerzen

die Verzweiflung und die Bedürfnisse

für mich

nur

die Welt –

sind sie nicht

alles nicht

anderes ist auch

ist Leben

existieren

Zukunft

Veränderung

das Alte

sein lassen

lassen

auch sich

mitunter

Zeit veredelt
Zeit bringt Leben herein – wenn Zeit ist,
kommt Werden zur Reife

Wachstum braucht Zeit.

    Ich brauche Zeit.

Zeit ist Bewegung. Bewegung ist Veränderung. Werden und Vergehen. Zeit heilt. Was in der Zeit ist, vergeht.

Leben ist Zeit. Zeitlebens ist Zeit. Wir haben Zeit, weil wir leben. Wo Leben ist, ist Zeit. – Meine Lebenszeit.

    Wo Zeit ist, ist leben.

Wofür ich mir Zeit nehme, da lebe ich. Da bin ich, da verändere ich mich. Da werde ich.

Wenn ich mir Zeit nehme – und nicht das Leben, weil ich keine Zeit habe.

Wenn wir den Dingen *ihre Zeit lassen*, den Kindern, den Partnern, den Blumen, der Begegnung, mir … dann kann alles werden, was es ist.

Täglich sich Zeit nehmen – für das Kochen; langsam schmoren, garen, backen.

Sich Zeit nehmen für das Essen, beim Kauen sein, Zeit zum Spüren, Zeit für mich. Zeit für den anderen.

Sich Zeit nehmen für die Arbeit, sich Raum geben, um da zu sein, hingegeben sein: erlebend, fühlend wirksam sein.

Sich Zeit nehmen für die Begegnung. Den Raum lassen – dem anderen, sich. Zeit für das Verstehen, Zeit für das Sagen.

Sich Zeit nehmen für sich. Ich mit mir. Sonst niemand. Sonst nichts. Für nichts – nur für mich, für meine Schwingungen, Gedanken, für das Erlebte, Gewesene, Geplante. Zeit für mein Leben. Lebenszeit leben.

Zeit haben veredelt. Auch mich.

Will ich veredeln?

Was?

Sich beschenken lassen

Leben ist so reich,
wenn wir nichts von ihm erwarten.
Aber arm im Vergleich zur Vorstellung ...

Wer hat nicht Bilder vom schönen Leben?

> Bilder mit Wünschen, Phantasien, Träumen, Sehnsüchten, Erwartungen, Bedürfnissen, Nöten, Lüsten ...

Das Glück ist überall – in der Beziehung, in der Familie, auf der Reise, in der Arbeit, zu Hause, bei sich, für sich, für andere – so reich ist das Leben in der Vorstellung.

Doch: Wie wenig davon ist wirklich so, ist wahr, ist tatsächlich, ist eingetreten, ist noch zu erwarten ...?

Man will die Vorstellung nicht lassen – wer hat denn nicht schon gerne ein gutes Leben?

> Brauchen wir sie nicht, die Vorstellung, um nicht aufzugeben?

Doch gutes Leben folgt keinem Plan. Wünsche sind Pläne – das Leben hält sich nicht daran … Phantasien trüben den Blick. Erwartungen machen Druck. Sehnsucht erzeugt Leid.

Immer ist da der Vergleich. Oder das Lauern. Das Warten. Das Bangen, dass es nicht eintritt.

Leben ist das alles nicht.

Leben ist atmen. Atmen im Jetzt. Sich beziehen. Sich beziehen auf das, was jetzt gut ist. Es ist zumeist etwas, was gut ist. Leben ist Umgehen mit dem, was in mein Leben tritt – was ich in mein Leben hole.

Immer ist etwas Größeres, worin ich stehe.

Leben ist Offenheit für dieses Eingebettet-Sein. Dann ist Vielfalt, Herausforderung, Wechsel, Unberechenbarkeit, Geborgenheit – das ist Leben.

Nicht das Zurechtgepackte, Vorgeformte, Maßgeschneiderte, Geplante.

Leben ist wild.

Leben ist immer anders, ist nie festgelegt. Es ist ebenso hart wie mild, eng und weit, nah und fern.

Leben ist täglich neu.

Einfach sein

Sein.
Kann ich das?

Was ist das: „Sein"?

Einfach nur sein? –

Sein ist lassen. Kann ich lassen? Sein lassen? –

Lassen ist ein Können. Kein leichtes Können. Ist Kontrolle abgeben, Macht abgeben, sich überlassen, sich anvertrauen, sich wie schwimmend vom Wasser des Seins tragen lassen. Darin aufgehoben sein. Einfach: da sein.

Hier.

Jetzt.

Und nichts tun. Nur: atmen. Nur: lassen. Einfach sein.

Stille ist die größte Offenbarung, meinte Lao Tse, der Weise.

Lassen offenbart uns vielleicht den tiefsten Sinn des Lebens – einfach zu sein. Wie wichtig es uns ist! Wir kämpfen um das Frühchen, das kaum lebensfähig geboren ist, wir kämpfen um die Sterbenden, dass sie noch etwas länger leben können, wir kämpfen um die Kranken, um dem Tod ein paar Monate abzutrotzen. Das Wichtigste ist zu überleben.

Andere leben es uns vor. Behinderte – trotz allem wollen sie unbedingt sein. Sie lehren uns – einfach sein wollen. Das ist alles: Sie wollen im Leben verweilen. Es geht nicht um Nutzen. Es braucht kein Wozu. Sein zu können, ist das Geheimnis. Teilzuhaben am Sein, ist das Wunder, im Alltag, in der Extremsituation, in der Arbeit. Immer: Aufruhen im Sein, darin wurzeln.

Das braucht einen guten Selbstbezug. Ist: gut mit mir sein können. Mich sein, mich lassen können. Dankbar sein können.

Sein-Können ist Geburtstag, ist ein Fest. Ist eigentlich wie Weihnachten – da sein und schauen, was es mir gibt. Mich beschenken lassen, kommenlassen – nichts tun. Nur offen sein. Denn das Sein gibt – „es gibt" mich. – Wenn ich mit dem Sein in Berührung bin, in der Seins-Berührung erhalte ich mich, erhalte ich seine ganze Welt.

Kann ich das: einfach sein? Lassend, lässig, offen, ruhig? Oder kommt es anders in mir: Fühle ich mich einsam, ungeschützt, unruhig, gespannt? –

Warum eigentlich?

Dank

**Mache ich, was mir lieb ist –
so habe ich meinen Dank.
Ich brauch' dann keinen mehr.**

Es ist schön, Dank zu erhalten. Er zeigt die Verbundenheit, ist ein Zeichen von Beziehung, wertschätzender Zuwendung, eine Spur von Liebe.
Dank ist die *Krönung* einer Handlung.

Brauche ich deinen Dank, wenn ich dir etwas *zuliebe* getan habe? –
Wenn es aus Liebe geschah, habe ich dann nicht die Freude, dass ich es dir tun durfte? Habe ich nicht meine Liebe leben dürfen? – Schön, wenn ich Dank erhalte. Ein Geschenk, das mir anzeigt, dass dich mein Bemühen erreicht hat und dass es in deinem Sinne war.

Doch wenn ich die innere Freude nicht habe als Genugtuung, dann gehe ich *leer* aus. Ohne Dank wäre es umsonst. – Wäre es ein schlechtes Geschäft, eine Fehlkalkulation, verletzend, kränkend.

Schlimm, vom Dank abhängig zu sein.

Der Sinn des Ganzen

**Je umfassender ein Sinn,
desto weniger fasslich ist er.**

(V. Frankl, K. Jaspers)

Den Sinn des ganzen Lebens fassen wir nicht. Wir können ihn nicht wissen, nicht denken, nicht umspannen, nicht erkennen, nicht errechnen. Fühlen, ahnen, glauben vielleicht. Begriffe jedoch grenzen ab, bleiben hinter dem Ganzen zurück.

Es ist nicht möglich, alles zu verstehen, alles zu begreifen, den Überblick über das Ganze zu haben. Dies ist ein Problem der Erkenntnis, eine Grenze der Existenz. Existenz ist *perspektivisch*.

Es ist aber auch nicht notwendig, alles zu verstehen. Leben findet im *Alltag* statt, eingebunden in Besorgungen, Beschäftigungen, Belastungen, Pausen, mit Tagen der Entspannung, der Muße und Zeiten der Besinnung.

Sich in dieses tägliche Nadelöhr der kleinen Situationen einzufädeln, ist eine Aufgabe des Lebens, damit es stattfinden kann. Daneben *innehalten* – einen Blick auf den Horizont, auf das Ganze, auf das Letzte zu werfen, hilft in der Ausrichtung des Weges. Aber zu fassen bekomme ich Horizonte niemals. Fassbar ist nur der Augenblick, die *Verantwortung* für den Augenblick. Sie kann ich verstehen.

Den Horizont – ihn umspanne ich nicht. – *Er* umspannt mich. Das ist sein Sinn.

Das *Letzte* kann ich nicht wissen, nicht erklären, nicht verstehen. Gott übersteigt meinen Verstand. Der Sinn des Ganzen übersteigt mein Vermögen. In ihm bin ich aufgehoben, in ihm kann ich mich finden.

In ihm gehe ich wie der Wanderer, der den Blick hebt von der Straße auf zum Horizont.

Spur zum Lebenssinn

**Dieses Leben geht *dich* an –
versuch es!**

Solange du lebst, wisse: *Dieses Leben geht dich an!*
Nicht mehr deine Eltern, nicht deine Lehrer,
nicht deine Vorgesetzten, nicht die Politiker,
nicht die Philosophen, nicht die Priester.

Sie alle können dir nur sagen, wie das Leben sie
angegangen ist. Dich hingegen geht es stets von
neuem an. Denn es spricht zu dir, spricht dich
persönlich an in jeder Situation. –

Was packt dich, fasziniert dich?

Was interessiert dich?

Was ängstigt dich, bedrückt dich, ärgert
dich, ekelt dich?

Dies alles spricht zu dir.

Geh darauf zu, geh darauf ein – es ist dein Leben!

Öffne dich für alles, was dich anspricht! Riskiere
dein Leben, versuche dich im Zweifel, in der
Idee, in der Verliebtheit und wähle dann aus!

Gib deine Antwort, sie wurde noch nie gegeben! Niemand kann sie für dich geben.

Halte dich an dein Gespür und scheue den Irrtum nicht. Es ist schlimmer, aus Angst vor Fehlern nicht gelebt zu haben, als *mit* Fehlern zu leben. Lass dir nicht sagen, was du tun sollst. Nimm es nur als Hinweis, was andere dir sagen, was die Tradition vermittelt, was die Mode ist, was andere tun. Folge *deinem* Gespür, unbeirrt. Du spürst es selbst, wenn es genug ist für dich. Du spürst, wenn es nicht mehr stimmt. Du spürst, wenn du Werte zertrittst, wenn du anderen, die dir lieb sind, wehtust. Du spürst, wo deine Grenzen sind. Du spürst es, wenn du bei ihnen angelangt bist. Achte auf dein Gespür!

So lautet die existentielle Botschaft: Setz dich dem Leben aus, geh mit ihm, so weit du kannst und so weit dich deine Füße tragen! Bleib nicht zimperlich und verklemmt im Hafen, mit den Molen aus Angst und den Leuchttürmen der Gewohnheiten. Es geht um etwas in deinem Leben! Es geht um *dich* – dass du ganz da bist in dieser deiner Welt!

Das ist Sinn. So kannst du deinen Sinn finden.

Anmerkungen

Seite 9:   Dieses Zitat ist ein Leitgedanke der Logothe-
rapie Frankls. Frankl hat es in seinem ersten
Hauptwerk zitiert (Ärztliche Seelsorge,
S. 116).

Hillel verstarb 70-jährig in Palästina (10 n.
Chr.). Er war der Begründer einer Rabbiner-
schule, die vom Grundsatz ausging, darauf
zu achten, was dem Menschen zumutbar ist.

Seite 13:   Den Sinn als „Möglichkeit" einer jeden
Situation zu sehen, ist Frankls Definition
für Sinn. Ich habe diese Definition mit
den Gefühlen gekoppelt. Denn nicht jede
Möglichkeit ist sinnvoll, bloß weil sie *möglich*
ist. Wir müssen auswählen, mit dem Herzen abwägen, fühlen, was wertvoll ist, was
mir wichtig ist in einer jeden Situation, was
Gewicht hat.

Die folgende Beschreibung des Satzes nimmt
Bezug auf die *Hauptstraßen zum Sinn*, wie
sie V. Frankl genannt hat:

Erlebniswerte – etwas Wertvolles erleben
(Natur, Kunst, einen Menschen, in der
Begegnung, in der Liebe).

Schöpferische Werte – etwas Wertvolles
schaffen, in die Welt stellen (durch Arbeit,
Kreativität, Taten; etwas hervorbringen,
produzieren, umgestalten, verschönern).

Einstellungswerte – den Lebenswert schützen durch eine Einstellung zum Leben und eine Haltung, damit sich das Negative nicht ungehindert ausbreiten kann (im unabwendbaren Leid sich klar werden, *wofür* ich lebe – *für wen* ich lebe: für Gott? Für andere? Für mich? Für alles?)

Das Sinnkonzept der Logotherapie Frankls ist zusammengefasst und ausführlich dargestellt in:

A. Längle: Sinnvoll leben. NP-Verlag, St. Pölten.

Erstmals hat es Frankl ([1946] 1987) dargestellt in seiner Ärztlichen Seelsorge (besonders S. 56–84).

Seite 14: Dieses Verständnis von Sinn ist in der Logotherapie wichtig, da Sinn nicht *erfunden*, sondern *gefunden* werden soll (Frankl 1987, S. 77/78; 1990, S. 20).

Der Mensch *kann nicht einfach einen Sinn dem Leben „geben"; er muß ihn ihm „entnehmen".* (Frankl 1990, S. 41)

Seite 16: Für die Wahrnehmung des *existentiell Sinnvollen* ist der Bezug zum *gefühlsmäßig* Empfundenen maßgeblich. – Darum ist es wichtig, achtsam zu sein auf alles, was einen „berührt, bewegt, betrifft, beschäftigt und belastet", weil es einen schon längst erreicht hat, noch bevor man mit ihm umgegangen ist. Hier setzt das Leben an, reicht es die

Hand, fordert es auf, sich näher mit ihm zu beschäftigen.

Ein kleines Beispiel: Wenn uns etwas ärgert – es wäre schade, es nur abzureagieren. Das kann zwar manchmal wichtig sein, weil es im Moment Erleichterung bringt und den Kopf wieder klar macht. Dann aber kommt die Frage, kommt der Sinn: Warum ärgert es mich so? Wie könnte ich es anders machen? Welche Einstellung müsste ich ändern? Was ist mir da so wichtig, dass es mich ärgert? Ist es auch wirklich so wichtig? – Viele solche Fragen schließen sich an.

Seite 26: Ein geläufiger, meines Wissens anonymer Satz, der auf den existentiellen Sachverhalt hinweist: die Endlichkeit des Daseins ins Auge zu fassen, die Grenze, den sicheren Tod ins Jetzt hereinzunehmen, die verbleibende Lebenszeit als „Rest" zu sehen. Einen Teil des Lebens haben wir schon gelebt, ein anderer Teil, dessen Größe wir nicht kennen, verbleibt uns noch.

Seite 34: Frankl schreibt dazu in der Ärztlichen Seelsorge, S. 110–112:

Der „Fragmentcharakter" des Lebens (Simmel) tut dem Sinn des Lebens keinen Abbruch. Nie können wir aus der Länge eines Menschenlebens auf seine Sinnfülle schließen. Eine Biographie pflegen wir doch auch nicht nach ihrer „Länge" zu beurteilen, nach der Zahl der Buchseiten – sondern nach ihrem Inhaltsreich-

tum, (…) Wie manche „Unvollendete" gehört
zu den schönsten Symphonien! (…)

Seite 41: Das Zitat ist einem Buch von Martin
Heidegger entnommen, der es auf S. 245 in
„Sein und Zeit" (1979) mit der folgenden
Quelle angibt:

Der Ackermann aus Böhmen, hrsg. V. A.
Bernt und K. Burdach (Vom Mittelalter zur
Reformation. Forschungen zur Geschichte
der deutschen Bildung, hrsg. V. K. Burdach,
Bd. III, 2. Teil) 1917, Kp. 20, S. 46.

Seite 43: Das Zitat stammt aus V. Frankl: Ärztliche
Seelsorge (S. 65/66):

Der „Roman", den einer gelebt hat, ist noch
immer eine unvergleichlich größere schöpferi-
sche Leistung als der, den jemand geschrieben
hat. Irgendwie weiß jeder von uns darum, dass
der Gehalt eines Lebens, dass seine Erfülltheit
gleichsam irgendwo aufbewahrt bleibt (…)
So vermag die Zeit, die Vergänglichkeit des
Lebens, dessen Sinn und Wert nichts anzu-
haben. Gewesen-sein ist auch noch eine Art
von Sein – vielleicht die sicherste. Und alles
Wirken im Leben mag sich in dieser Sicht prä-
sentieren als ein Hineinretten des Möglichen in
die Wirklichkeit. Obzwar vergangen, wäre es
eben in der Vergangenheit für alle Ewigkeit in
Sicherheit gebracht, vor jedem weiteren Zugriff
der Zeit gerettet.
Wohl ist die verflossene Zeit unwiederbring-

lich; aber das in ihr Geschehene ist unantast-
bar und unverletzlich. Und so erweist sich die
fließende Zeit nicht nur als Räuberin, sondern
auch als Treuhänderin!

Seite 47: Ausführlich dazu in A. Längle, D. Bürgi
(2016): Wenn das Leben pflügt. Krise und
Leid als existentielle Herausforderung.
Vandenhoeck & Ruprecht, Göttingen

Seite 48: Von Nietzsche stammt das berühmte, ergrei-
fende Zitat:

… aber nicht das Leiden selbst war sein Pro-
blem, sondern dass die Antwort fehlte auf den
Schrei der Frage „Wozu leiden?"

Frankl hat es einem seiner Werke, das über
den Sinn des Leidens handelt, vorangestellt
(dem Buch „Homo patiens", das heute im
Sammelband „Der leidende Mensch" ab
S. 257 enthalten ist).

Seite 51: Das Originalzitat von Frankl lautet:

Für gewöhnlich sieht der Mensch nur das
Stoppelfeld der Vergänglichkeit; was er über-
sieht, sind die vollen Scheunen der Vergan-
genheit. Im Vergangensein ist nämlich nichts
unwiderbringlich verloren, vielmehr alles
unverlierbar geborgen. Nichts läßt sich aus
der Welt schaffen, was einmal geschehen ist;
kommt nicht alles nur umso mehr darauf an,
daß es in die Welt geschaffen wird?

V. Frankl, Ärztliche Seelsorge, S. 123/124

Die Vergänglichkeit ist im Verständnis der Logotherapie der Grund, dass wir überhaupt nach *Sinn* suchen. Denn dadurch, dass die Zeit begrenzt ist und dass wir einmal sterben müssen, kommt es darauf an, das, was *jetzt* ansteht, zu verwirklichen: das Wertvolle, das diese Situation in sich birgt, das Notwendige, das heute die Not abwendet.

Seite 57: Dies ist der zentrale Gedanke der Logotherapie Frankls, der auf eine Veränderung in der Haltung dem Leben gegenüber hinausläuft. Frankl führt eigentlich eine *phänomenologische Haltung* ein, die vom Menschen verlangt, mit einer *inneren Offenheit* in den Tag zu gehen und erst einmal zu sehen, was zu tun ist, zu schauen, was sich einem an Werten und an Aufgaben bietet, manchmal sogar aufdrängt.

Am schönsten hat Frankl diesen Gedanken 1946 in seinem Erlebnisbericht über das Konzentrationslager niedergeschrieben. Dort schreibt er von Menschen, die ihren Lebensinhalt verloren haben. Durch den Verlust des Sinns des Lebens ist ihnen der stärkste Halt im Leben abgegangen. Auf alle Aufmunterungen antworteten sie immer nur ablehnend mit dem Standardsatz: „Ich habe ja vom Leben nichts mehr zu erwarten." – Frankl meinte dazu, dass es um „eine Art kopernikanische Wende" gehe. Es soll „nicht mehr einfach nach dem Sinn des Lebens" gefragt werden. Sondern es käme vielmehr darauf an,

„dass wir uns selbst als die Befragten erleben, als diejenigen, an die das Leben täglich und stündlich Fragen stellt – Fragen, die wir zu beantworten haben, indem wir nicht durch ein Grübeln oder Reden, sondern nur durch ein Handeln, ein richtiges Verhalten, die rechte Antwort geben. Leben heißt letztlich eben nichts anderes als: Verantwortung tragen für die rechte Beantwortung der Lebensfragen, für die Erfüllung der Aufgaben, die jedem einzelnen das Leben stellt, für die Erfüllung der Forderung der Stunde."

V. Frankl, … trotzdem Ja zum Leben sagen, S. 124 f.

Seite 60: Vorstellungen sind wichtig für das, was wir planen.

Dort hingegen, wo wir in Größerem stehen, kann das „Bauplandenken" in die Irre führen. Ein großer Streit in Europa und Asien ging darum, ob wir uns von Gott ein Bild machen dürfen. Aus gutem Grund heißt es in der Bibel: *Du sollst dir kein Gottesbild machen und keine Darstellung von irgend etwas am Himmel droben, auf der Erde unten oder im Wasser unter der Erde.* (Ex 20,4)

Der Bilderstreit endete mit einem Bildersturm im Osten. Bei den Muslims z. B. sind religiöse Darstellungen bis heute verboten.

Wie gefährlich ist es, uns davon eine Vorstellung zu machen, wie der Partner sein soll, wie die Beziehung, wie die Kinder, wie der

Beruf. In allem gibt es so viele Faktoren, die nicht von uns selbst bestimmt sind, die sich selbst entfalten, entwickeln, sich einstellen, sich ereignen. Wir sollten den Spielraum lassen und uns offen halten. Der Versuch, sie von vornherein auszuschließen, wird dem Partner, unseren Beziehungen und meiner eigenen Entwicklung nicht gerecht. Dem Kind nicht, nicht einmal dem Beruf. – Aber auf das Wertvolle achten, mich gemäß meinen Empfindungen, meinem Gespür, meinem Gewissen, meiner inneren Anteilnahme einbringen oder zurücknehmen, das ist die Aufgabe.

Seite 67: In dieser Formulierung: „Menschsein heißt in Frage stehen – Leben ist Antwort geben" ist der zentrale Gedanke der Frankl'schen Logotherapie in einem Satz zusammengefasst (erstmals beschrieben in A. Längle: Entscheidung zum Sein. Piper-Verlag, München, S. 10). Frankl hat diese grundlegende Haltung zur Sinnfindung 1946 in seiner Ärztlichen Seelsorge (S. 96) so beschrieben:

Die Frage nach dem Sinn des Lebens schlechthin ist sinnlos, denn sie ist falsch gestellt, wenn sie vage „das" Leben meint und nicht konkret „je meine" Existenz. Holen wir zu einer Rückbesinnung auf die ursprüngliche Struktur des Welterlebens aus, dann müssen wir der Frage nach dem Sinn des Lebens eine kopernikanische Wendung geben: Das Leben selbst ist es, das dem Menschen Fragen stellt. Er hat nicht

zu fragen, er ist vielmehr der vom Leben her
Befragte, der dem Leben zu antworten – das
Leben zu ver-antworten hat. Die Antworten
aber, die der Mensch gibt, können nur konkrete Antworten auf konkrete „Lebensfragen"
sein. In der Verantwortung des Daseins erfolgt
ihre Beantwortung, in der Existenz selbst
„vollzieht" der Mensch das Beantworten ihrer
eigenen Fragen.

Im anschließenden Text auf S. 35 wird
wieder auf die drei *Hauptstraßen zum Sinn*
Bezug genommen, auf die Erlebniswerte, die
schöpferischen Werte und die Einstellungswerte als jene Wege, wie diese grundlegende
Haltung und dieses Menschenbild in die
Praxis umgesetzt werden kann
(vgl. Anmerkung zu S. 11).

Seite 70: Der Satz ist in Anlehnung an Sören Kier-
kegaards Satz formuliert: „Die Angst ist
der Schwindel der Freiheit." Kierkegaard
bezieht das Schwindeligwerden auf die
Abgründigkeit, die sich aus der Freiheit des
Menschen ergibt.

Seite 75: Das Zitat gibt die existenzanalytische
Maxime wieder, mit der die selbstgestalteri-
sche, existentielle Haltung beschrieben wird,
mit der an das Leben herangegangen werden
kann. Das Zitat stammt aus dem Artikel
„Existenzanalyse" von A. Längle (in Längle
1988, S. 103).

Seite 87: Der Satz: „Mit Zustimmung leben" fasst in Kurzform den Leitgedanken der Existenzanalyse, wie er von mir seit 1992 gefasst und vertreten wird. In den Ausführungen, die dem Leitsatz auf S. 45 folgen, ist angedeutet, dass die Zustimmung eine vierfache ist entsprechend den *Grundbedingungen (bzw. Grundmotivationen)* der Existenz:

- die Akzeptanz des *Gegebenen* als Vorfindlichkeit (1. Grundbedingung)

- die Bejahung des *Lebens*, die ein Sich-Zuwenden zum Wertvollen und ein Eingehen von Beziehungen beinhaltet (2. Grundbedingung)

- die Bejahung seiner selbst (und der anderen) als *Person*, die die Anerkennung des Selbstwertes und die persönliche Ethik einschließt (3. Grundbedingung)

- das Sich-Öffnen für den *Sinn der Situation*, das ein Bereitsein für Entwicklung und für Handeln anregt und in die Offenheit für die Transzendenz mündet (4. Grundbedingung)

Da wir ohne diese Grundbedingungen nicht leben können, streben wir immer danach, sie zu erhalten und zu verbessern. So sind wir immer mit ihnen beschäftigt und durch sie bewegt. Darum sind diese Grundbedingungen der Existenz auch „Grund*motivationen*". Sie finden sich in jeder Motivation des Menschen wieder.

Seite 146: Frankl hat diesen erkenntnistheoretischen Gedanken über die Wahrheit von Karl Jaspers übernommen und auf das Sinnthema angewandt. In den Worten Frankls (1997, S. 73) heißt der Satz:

Je umfassender ein Sinn ist, um so weniger faßlich ist er.

Literatur

Frankl V. ([1947] 1982) … trotzdem Ja zum Leben
sagen. Ein Psychologe erlebt das Konzentrationslager.
München: dtv

Frankl V. ([1979] 1997) Der Mensch vor der Frage
nach dem Sinn. Eine Auswahl aus dem Gesamtwerk.
München: Piper

Längle A. ([1987] 2007) Sinnvoll leben. Angewandte
Existenzanalyse. St. Pölten: NP-Verlag

Längle A. (2013) Viktor Frankl – Eine Begegnung.
Wien: Facultas

Längle A. (2011) Erfüllte Existenz. Entwicklung,
Anwendung und Konzepte der Existenzanalyse. Wien:
Facultas-WUV

Längle A. (2016) Existenzanalyse. Existentielle
Zugänge der Psychotherapie. Wien: Facultas

Längle A. (2021) Logotherapie und Existenzanalyse.
Stuttgart: Kohlhammer

Längle A., Bürgi D. (2016) Wenn das Leben pflügt.
Krise und Leid als existentielle Herausforderung.
Göttingen: Vandenhoeck & Ruprecht

Längle A., Künz I. (2016) Leben in der Arbeit? –
Existentielle Zugänge zu Burnoutprävention und

Gesundheitsförderung. Wien: Facultas-WUV.
Auch als E-Book

Lukas E. (1994) Alles fügt sich und erfüllt sich.
Die Sinnfrage im Alter. Stuttgart: Quell-Verlag

Inhaltsverzeichnis

© 2025 Residenz Verlag GmbH
Mühlstraße 7, 5023 Salzburg
info@residenzverlag.at

4. Auflage, überarbeitet und erweitert

Bibliografische Information der Deutschen Nationalbibliothek
Die Deutsche Nationalbibliothek verzeichnet diese Publikation in
der Deutschen Nationalbibliografie; detaillierte bibliografische Daten
sind im Internet über http://dnb.dnb.de abrufbar.

www.residenzverlag.com

Umschlaggestaltung: Boutiquebrutal, Joe Wannerer
Typografische Gestaltung, Satz: Lanz, Wien
Gesamtherstellung: Finidr, Tschechische Republik

ISBN 978 3 7017 3634 8